〝70台〟のためには、長いインパクトゾーンを作ること。
そのために必要なのは
「左足体重」「ハンドファースト」「フェースターン」

〝70台〟を目指すなら パットで「0・5」が多いゴルフを目指そう!!

意識するのは“インパクトゾーン”だけ

月イチゴルファーでも70台で回れてしまう超GOLF学

プロゴルフコーチ

森 守洋

GOLF スピード上達シリーズ

KKベストセラーズ

まえがき

日本での「シングルゴルファー」の割合は、アマチュアゴルファー全体の5%しかいないとも言われています。

この数値を少ないと思うかどうかは別問題として、「80」の壁を突破し、〝70台〟のスコアをマークすることは一般のアマチュアゴルファーにとって厚い壁と言えそうです。果てしなく険しい山道と言ってもいいかもしれません。

ただ、シングルと言っても、ハンディ0とハンディ9とではレベルにかなりの違いがあります。80前後のスコア、ハンディで言えば6〜9くらいのレベルに辿り着くのは、月イチゴルファーにでもチャンスがあります。

問題は、誰しも結果を求めるためにスコアを良くしようと頑張るのですが、良いスコアを出すところに辿り着くためのプロセスを軽視しているゴルファーが、あまりにも多いこと。とても残念なことです――。

練習に励んで色々とゴルフのことがわかってきて、「上手くなってきたな！」と自分で実感した時間は、まさに至福のときです。それがあるから世の中の人たちがゴルフに夢中になると思うのです。

ジュニアからゴルフを始めた人は理屈がわからなくても、体が自然と覚え込んでいき、どんどん上手くなります。いわば「感覚のゴルフ」です。

でも、大人になってゴルフを始めた人は、ジュニアからゴルフを始めた人のように経験をどんどん積むよりは、**正しい理屈を正しく理解して自分の体に覚え込ませる**作業がとても大事です。

ツアープロの世界でも、ジュニア時代から活躍していてプロになってからも成績を残せていたのに、何かひとつが崩れ、そのままズルズル泥沼にはまって再起できないまま終ってしまう選手もいます。

感覚だけに頼っていては、わからなくなったときに戻れないのです。正しい理屈がわかっていれば、歯車が狂い出したときの修正ができます。

「わかったぞ！」「また少し上達したかな！」といった繰り返しや積み重ねがとても大切

です。そうした過程を踏まえてこそ〝70台〟のスコアが見えてくるのです。

また、スコアに対する考え方も少し変えたほうが良いと思います。平坦な河川敷のコースやレイアウトを知り尽くしたコースでは70台を出せるレベルになったとしても、「大洗ゴルフ倶楽部」など日本屈指の難コースで初めてプレーすると、途端に100近くも叩いてしまうことになるでしょう。

同じコースでも雨や風などの状況によってはスコアが変わるのですから、その日の状況に応じて自分なりに「目標スコア」を立てることも大事です。そうした要素も念頭に置き、いかにスコアをつくっていくかを考えながらプレーしてください。

どうすれば〝70台〟のスコアをマークできるのか？

ゴルフというスポーツに対して、どのように向き合えば「80」の壁をぶち破れるのか？

その答えを私なりにわかりやすく解説したのが本書＝「超ゴルフ学」です。一人でも多くのゴルファーが〝70台〟のスコア達成の歓喜を味わえることを願ってやみません。

森 守洋

意識するのは〝インパクトゾーン〟だけ 月イチゴルファーでも70台で回れてしまう超GOLF学

CONTENTS

第1章 〝70台〟のスコアを出すための考え方

第2章

ゴルフの本質を正しく理解しよう
〜長い〝インパクトゾーン〟のつくり方

第5章
「寄せる」「入れる」のレベルアップで〝70台〟へ

第1章

“70台”のスコアを出すための考え方

無意識にできる「正しい癖」を身につけることが最重要!!

人間というのは不思議なもので、脳からの指令によって体が直ちに反応します。そこで私はアマチュアゴルファーの方たちへのレッスンを通して、脳からの指令がスイングにどう影響するかを自分なりに研究しています。まず、「脳からの指令を変えるだけで、体の動きが案外簡単に変えられる」ということをお話ししたいと思います。

思考には体系的に3つのパターンがあって、「1」は「何もわからない」状態です。

何もわからないというのは、良いのか悪いのかも判別できない状態です。練習場に初めて連れていかれたときに、「あっ、ゴルフのボールってこんなに飛ぶんだ！」と新鮮な感覚を味わえた思い出があるでしょう。

「それはカットだよ」などと上司に言われて、「カットって何？」とわからなくても、たとえスライスしたとしても、当たれば気持ちいいものです。

スライスのメカニズムが何もわかっていなくても、方向はどうであれ当たって飛んでいくことに快感を覚えるわけです。

これを「1」とすれば、**「2」は「頭がわかってくる」状態です。**

ゴルフのスイングの理屈がわかってきた。正しい動作というものを頭で理解し、それがたまに実践できる。脳から体に命令して、体ができるようになる。でも、たまにしかできない……。ほとんどのゴルファーは、ここに長い間とどまっているわけです。

頭ではわかっていながら、なかなか身につかないでストレスが溜まっている状態でもあります。

体に覚え込ませる練習に時間をかけよう

そして、**「3」は「体が覚えた」状態で、ここが最終段階です。**

いわゆる「筋肉が覚えた状態」で、「脳から命令を出さなくても体が勝手に反応する状態」ということです。〝70台〟のスコアを達成するには、そこに到達するのが一番の目標です。それは、月イチゴルファーであっても不可能ではありません。

いつもゴルフ雑誌を読むとか、スイング論を研究するのが大好きな人に多いのが2の状態ですが、体に覚え込ませる部分が少ないと、本当の意味でのスイングの安定までになかなか到達しません。体に覚え込ませる練習をもっともっと大事にするべきです。

「今日は肩をしっかり回せ」とか、「こうやって打て」などと脳から指令しなくても、それが自然にできるようになるのが理想です。

わかっているつもりだけど、脳からの指令どおりにできない「2」の状態は、「停滞期」と言っていいかもしれません。

そこが〝70台〟のスコアを出すための「壁」になってしまうわけです。

意識しなくてもできる部分を増やしていく

「2」の段階でも良いスコアが出たり、プロも驚くようなファインショットを連発させたりするケースもありますが、少しでも調子を崩すと大叩きしてしまうことも少なくないでしょう。「2」の頭でわかっている状態だけでは、スイングがバラバラになることがよくあり、殻を破れないままでいるのです。

頭で理解していて実際できることも多いけれど、脳が命令して意識的に動かさないとできない状態というのは、まだ完全に身についていない状態でもあります。

「3」の段階とは、体の動きで言えば「癖」であって、正しい癖が完全に体に馴染んでいて、脳が命令しなくても無意識に、つまり本能的にできる状態です。

「歯ブラシで歯を磨く」「お箸を器用に使ってご飯を食べる」とまではいかないとしても、いちいち思考を働かせなくても自然にできてしまうようになることを目指してください。

自宅の部屋に何かクラブを１本置いておき、時間のあるときに両手をグリップする習慣をつけるだけでもかなり変わってくるはずです。

脳から命令しなくても、本能的にできる正しい動きを増やしていこう

ゴルフは「ターゲットスポーツ」であることを忘れない

目指せ70台

「2」の段階というのは、頭で理解しているけれども、やはり意識的にやらないとできない状態で、8〜9割のゴルファーはこの部分にどっぷりとつかったままでいます。

しかし、〝70台〟のスコアで回れるようになるには、「2」から「3」へとレベルを上げていく部分を少しでも増やさないといけません。

「2」を意識的とするなら、「3」は無意識的であることとは説明しましたが、この無意識の部分をトーナメントプレーヤーたちの所作から学んでください。

メジャー競技などで優勝争いを展開している選手たちを見ると集中力が高まっていることがよく伝わってくるでしょう。

彼らが何に対して集中してるかというと、言うまでもなく「ターゲット」です。

このコースをどう攻略するか。このホールをいかに攻め落とすか。相手との差を縮めるために自分はどうやってバーディを取るか、あるいはパーをセーブするかという思考は、ターゲットだけに集中している状態です。

「スイング」よりも「ターゲット」に集中する

ゴルフは本来ターゲットスポーツですから、それは当たり前のことです。でも一般のアベレージゴルファーたちのプレーを見ていると、ゴルフがスイング大会になってしまっています。

ホールの状況を見て、「あそこに打とう!」と狙いを絞って打つことが肝要です。ターゲットへの意識をもっともっと高めるべきなのに、「クラブをこう振ろう!」「体をこう動かさなきゃ!」とスイングのことばかり考えて、結果的にミスしたら「今は体がこう動いたのが悪かったかな?」と原因分析をしようとします。

とくに大人からゴルフを始めて、理屈ばかりを頭に詰め込んだゴルファーに陥りやすいパターンです。

「ターゲットに集中する」というゴルフの本質を忘れてはいけません。しかしながら、

「ターゲットに集中しなさい」とアドバイスされたところで、結局「3」の状態にいないとなかなかできないことです。

無意識でゴルフスイングができる状態になって、はじめてターゲットに集中できるようになるわけです。

コースではスイングを難しく考えない

難しいかもしれませんが、コースに出たらスイングのことはあまり意識しないようにしましょう。「クラブをこう振ろう」というよりも、「あそこに打つ」という思考を優先させるのです。ゴルフが上手いか下手かに関係なく、自分のできる範囲で「3」の無意識の状態に持っていくことを心掛けてみてください。

自転車にたとえると、「2」の状態はまだ完全には乗れていなくて、「3」の状態は無意識のうちに自転車のハンドドルを操作し、自分の進みたい方向に走らせることができています。**この「2」から「3」へと進んでいく訓練を積み、「3」の状態を少しでも多く経験することが重要です。**

スイングに関してはあまり難しく考えないようにして、１打ごとにターゲットに気持ちを集中させてプレーしましょう。たとえミスショットが出ても、ターゲットに向かって打った結果ですから、そこからスイングの修正箇所が明確に把握できます。

スイング自体が悪くなくても、ターゲットの方向に対して正しいアドレスがとれていなければ結果が伴いません。ターゲットへの意識の欠如がミスを誘発しているのに、スイングの欠点からミスが生じてしまったと思い込んではいつまでたっても進歩できないのです。

ターゲットを意識する癖をつけていくと、自分のスイングの間違った癖も見えてきます。普段の練習では「正しい癖」を少しずつ増やしてスイングを構築してください。

ターゲットに意識する癖をつけることで、無意識の動きでスイングできる力がつく

スイングの「原理原則」は100年前から変わっていない

この本では「2」の状態の正しい動きとは何か。そして、それを無意識のままで実行できる「3」の状態になるにはどうすべきかをご説明していきます。

ゴルフを突き詰めていくと、スイングの原理原則というものを正しく理解し、本能的にできるようになる訓練を積むこと以外に上達の方法はありません。

ひとつのことをやり続けるとか、新しい何とか打法などを色々と試してみたとしても、正しい癖は骨の髄までなかなか染み込んでいかないものです。

そこで、〝70台〟のスコアを夢で終わらせないためにも、原理原則からなるべく外れないようにスイングを構築していくことが大切になります。

結論から言えば、**スイングの原理原則は100年前から何も変わっていません**。

その時代ごとに多少の流行はありましたが、スイングの絶対的な基本は昔も今も同じなのです。

ゴルフのバイブルといわれる『モダンゴルフ』を著わしたベン・ホーガンのスイングは現在でも模範とされていますし、世界最強と謳われたタイガー・ウッズのスイングだってホーガン同様、原理原則を遵守しています。

この原理原則とは何か？

ホーガンもタイガーも無意識のうちに実践している正しい動きとはどんな動きなのか？

その内容は第２章で詳しく解説するとして、１００年前から不変の原理原則さえ守られていれば、あとは自由で構いません。

自分なりのオリジナルを取り入れることで、原理原則を実践しやすくなるケースだってあります。

スイングの絶対的な基本が１００年前と現在では変わってしまったら、それは原理原則でなくなります。

逆に言えば、名手たちが実践している原理原則をマスターすれば、名手たちのスイングに大きく近づくことになり、〝70台〟のスコアが現実味を帯びてくるのです。

絶対的な基本は１００年前から変わっていない

ベン・ホーガンのスイング

古き時代に活躍したベン・ホーガンのスイング

タイガーもホーガンの原理原則を伝承している

タイガー・ウッズのスイング

世界最強のタイガー・ウッズのスイング

「考え方のルーティーンワーク」を見直そう

目指せ70台

スコアに対する考え方でひとつ言えるのは、結果より過程が大切だということです。ともすると良いスコアを出すことばかりに固執しがちですが、ゴルフの場合は1打1打ごとにボールを打つ場所が違うわけで、めまぐるしく変化する状況にその都度対応していかなくてはなりません。

私の好きな言葉に「Just do it」があります。

コーチングしているプロゴルファーたちにもよく話すのですが、「Just do」というのは「自分のすべきことはいつも一緒」という意味です。コースでは「it」が変わるだけなのです。

ホールのシチュエーションとか状況の移り変わりで「it」が違っても、自分が実行すべきこと、つまりショットを打つまでの過程は何も変わらないわけです。

これはプロだけでなく、アマチュアゴルファーにも言えることで、大事なコンペの日であろうと、気の合う仲間とのラウンドであろうと、ベストスコア更新のチャンスだろうと、自分のやるべきことは同じであって、そうした意味でも過程というものがすごく重要になってきます。

ショットの前に勝負がかかっていることを理解する

過程が重要であれば、何を最重視しなくてはならないかというと、それは**「ルーティーンワーク」**です。ラグビーの五《ご》郎《ろう》丸《まる》歩《あゆむ》選手ではないけれど、プレーの前の準備の所作を丁寧に行なうことがとても大切な要素となります。

ショット前のルーティーンワークをいつも同じようにできるかどうかがポイントですが、私がアマチュアゴルファーのラウンドレッスンでデータを取ってみたところ、大半の人はルーティーンワークの所作があまり変わりません。

上手い人は当然として、あまり上手くない人でも結構いつも同じルーティーンワークを行なっています。スイングには意識がいっても、ルーティーンワークには意識がほとんどいっていなくて、無意識のうちに済ませているから動きにあまり差が出ないのでしょう。

もちろんルーティーンワークの所作はどんなときもなるべく変わらないのは理想的ですが、**私が強調したいのは「考え方のルーティーンワーク」を大事にして欲しいということです。**ボールを打つまでの過程が大切であって、ショットの前に勝負がかかっていることを十分に認識してください。

ボールの後方から目標方向を眺めて、ホールのシチュエーションをよく確認し、打ちたい目標を決めます。「ここに打つんだ!」と決めて、ターゲットに対して正しく構えたら、あとはもうボタンを押すだけという感じで、前述した「3」の状態でスイングを無意識的に済ませるのがプロやシングルゴルファーたちの所作なのです。

構えたら、無意識的にスイングするだけでいい

一般のアベレージゴルファーのルーティーンワークの所作はあまり変わらないと言いましたが、構えるまでに実はあまり考えていなくて、ターゲットに意識を集中できていない人が大半です。

　アドレスをつくってから、「あれ、ちょっと右を向いているかな？」と不安になったり、「体をこう動かさなきゃ」「クラブをこう振らなきゃ」などとスイングのことを考えたりすると、その時点でもうターゲットへの意識が飛んでしまいます。

　構えたらテークバックをスムーズに開始したいところを、いつまでもモジモジして体が硬直しては、「ｉｔ」に対しての「Ｊｕｓｔ ｄｏ」を遂行できなくなるのです。

ショット前のルーティーンワークの所作はできるだけ一定させておくのがいい。ターゲットに対する意識を高めることが大切だ

練習場でしていることをコースに持ち込まない

自分の「Ｊｕｓｔ ｄｏ ｉｔ」の動作的なもの、つまりスイングを構築していくことは、コースではなく練習場でやるべきことです。

コースに出てラウンドするときは、練習場でやっていることを持ち込んではいけません。

私はアマチュアゴルファーの方々にレッスンするときに、よく「稽古場」と「舞台」を使い分けて説明するのですが、ゴルフ場に出たときは舞台であって、稽古場である練習場でしていることを意識していたら、良い演出ができなくなってしまいます。

稽古場ではセリフを何度も何度も復唱し、無意識に話せるようになるまでやり続けます。それが「２」の状態から「３」の状態へと進んでいくことにつながりますが、ほとんどのアマチュアゴルファーは構えてからスイングをしようとするのです。

セリフを一生懸命思い出そうとするかのように、構えてから頭の中で「バックスイング

はこうしよう」「トップオブスイングはこうしよう」と、脳をフル回転させてしまうのです。

せっかく舞台に出ているのに稽古場と同じことをしていてばかりでは、いつまでたっても進歩が見られません。

「捨てラウンド」も上達のステップになる

私は、良い意味での「捨てラウンド」があってもいいと思います。


本当に仲の良い友人とプレーするとか、夫婦でラウンドするとか、プレッシャーとは無縁のラウンドもどんどん体験してください。

この場合は、コースを稽古場と考えてプレーしましょう。スコアもつけないで練習ラウンドのつもりで回るのです。

コースプレーは舞台での演出と同じですが、あえて稽古場と同じゴルフをしてみると色々な発見があります。

スライスが出る人なら練習場でこうしてみよう、ああしてみようと試したことをコースでもやってみるのです。

練習場で試したことを再現するだけでなく、ディボット跡にボールが埋まっていたら上から思い切り鋭角に打ち込んでみたり、こういう状況ではこう打ったらいいのかなと試したり、たまにはドライバー以外のクラブでティショットしてみたりなど、やってみる価値のあることはたくさんあるはずです。

〝舞台ゴルフ〟と〝稽古場ゴルフ〟を混同しないこと

稽古場でのゴルフを舞台で実際に体験してみると、スコアをつくるための応用テクニックの幅が広がります。月イチゴルファーでも、**どんどん上手くなる人は、こうした捨てラウンドも結構やっています。**スコアの結果は二の次として、稽古場ゴルフと割り切ってたくさん経験することも上達のキッカケづくりになります。

ただし、舞台としてラウンドするときはターゲットに対する意識を高めて、無意識にスイングすることを心掛けてください。

舞台ゴルフと稽古場ゴルフの目的はまるで違います。この2つを明確に区分けすることで〝70台〟のスコアに近づけていけるのです。

ゴルフ場では「舞台」としてのプレーを心掛けよう。「稽古場」と同じことをしてはスコアはつくれないが、ときには練習場でしていることを試す「捨てラウンド」を体験するのもいい

本当に〝70台〟で回りたければスコアを気にしない

「まえがき」でも少し触れましたが、同じシングルゴルファーでもコースの難易度でスコアが大きく変動します。

河川敷のコースでは70台前半で回れる力があっても、たとえば『全英オープン』が開催される「セント・アンドリューズ」でそれこそ暴風雨の日ともなると、「今日は95で回れたら最高だ！」という気持ちになるし、１００以上打っても仕方がないと割り切れるでしょう。

また、超難関コースばかりで開催される『全米オープン』でタイガー・ウッズやロリー・マキロイらが、20アンダーで自分たちが優勝するなんて考えないものです。

目標スコアをコースの難易度で変えよう

それと同じで、普段よく出かける馴染みのコースでも、快晴無風の日は「78」を目標スコアとするとか、雨の日は「85」、風が強ければ「90」を目標にするなど、自分なりのスコアの「合格ライン」を調整しましょう。

季節によってもスコアをつくりやすい、つくりにくいの違いがあります。冬や春先は芝が薄くボールのライが良くない場所が多いので、難しい場面が増えます。

夏でもラフの芝を長く伸ばしているコースは要注意です。その人のプレースタイルにもよりますが、秋がもっともスコアをつくりやすい季節と考えて間違いありません。

初めて出かけるコースなら事前に難易度を示すコースレートやホールレイアウトなどを調べてみるなどして、データを収集して目標スコアをある程度掲げておきましょう。

スコアは結果にすぎません。スコアに対する考え方からすると、**本当に“70台”で回りたいのならスコアのことはあまり気にしないほうがいいのです。**「Ｊｕｓｔ ｄｏ ｉｔ」の「Ｊｕｓｔ ｄｏ」が上達すれば、スコアは勝手に縮まっていきます。

上達の過程を大事にするなら、スコアにはあまり固執しない。技術が身につけば自然にスコアが伴ってくる

何度も言うように、そこに辿り着くまでの過程が一番重要であって、次の第2章で解説するゴルフの原理原則を正しく理解し、確率を上げるためのスイングを構築していきましょう。

自分の思い通りのショットが打てる回数や確率を上げていくことを考えて、「2」の状態から「3」の状態にレベルアップし、脳から命令しなくても体がスムーズに動かせる無意識のスイングの技術を磨いてください。

そして、自分なりの〝得意ワザ〟も身につけましょう。シングルゴルファーたちのプレー運びを見ると、「あの人はアプローチが上手だね」とか、「大事な1メートルのパットは絶対に外さないね」などと、何か技術が秀でている部分が必ずあります。

「あの人は粘り強いね」と評価されるシングルゴルファーも多くいます。一つひとつのショットを取り上げると技術的にはあまり上手く見えなくても、ピンチにも動じない強いメンタルでスコアをうまくつくっているのです。

彼らは過程を大事にすることで、技術や精神面を鍛えてきたのです。練習でもコースでも自分のやるべきことを先に実践しているから、良いスコアが伴ってくるわけです。

第2章

ゴルフの本質を正しく理解しよう

～長い"インパクトゾーン"のつくり方

名手たちの共通点は〝インパクトゾーン〟が長いこと

この章では100年以上も前からまったく変わっていない「ゴルフの原理原則」について詳しく解説していきたいと思います。

ベン・ホーガンをはじめ、「球聖」と謳われたボビー・ジョーンズたち稀代の名手から、最近では世界最強の称号を欲しいままにしたタイガー・ウッズまでが継承してきた原理原則を正しく理解し実践することで、確実に、かつ早く上達します。

名手たちが実践している原理原則さえきちんとマスターしておけば、あとの余計な理論は必要ないと言ってもいいくらいです。

「自分はもっとこのように動いたほうがいいかな」と、自分なりのアレンジを取り入れるのは大いに結構ですが、その原理原則を外さないことがとても重要なのです。

プロたちのショットも、トップレベルのアマチュアのショットも、ただ見ているだけなら「上手いなあ」と感心するかもしれませんが、上手い人たちには必ず共通項があること に注目してみてください。

「U字の幅が広い」が長いインパクトゾーンの秘訣

ゴルフが上手い人たちの共通項、つまりスイングの原理原則ですが、それが何かという と**長いインパクトゾーン**です。

アマチュアの人たちがダフってしまったときに、「クラブを下から入れちゃった」とか 「すくい上げてしまった」とよく口にしますが、ボールが地面にある以上、クラブヘッド は必ず上から下降して、地面、またはボールに当たって再び空中に上がっていきます。

クラブヘッドが下から当たるはずはなく、どんなときも必ずクラブヘッドは上から下り てきて円弧を描きます。

その円弧のクラブヘッドが地面に接触している長さが長いほど、インパクトゾーンが長 いということになるのです。

多くのアベレージゴルファーはクラブヘッドが空中から下りてきて、地面に当たったら急角度で上がっていくパターンがほとんどです。U型軌道でもUの幅がとても狭くてV型に近いために、インパクトが一点になってしまっています。

すると、クラブヘッドが地面に当たらなければ空振り、ボールの上っ面に当たればトップ、インパクトの打点がボールの手前にずれてもダフリやトップが生じます。

上手い人ほど、インパクトゾーンが長い！

ゴルフの上手い人たちのインパクトは「点」ではなく、「線」としてボールをとらえています。

飛行機が滑走路に着陸するような緩やかな角度でクラブヘッドが下りてきて、クラブヘッドが芝の上をしばらく通過し、それから飛行機が離陸するくらいの緩やかな角度で空中に上がっていきます。

インパクトゾーンの長さ、はタイガーたち超一流のプレーヤーでボール6～7個分くらいはあります。そこまではいかなくても、せめて3～4個分くらいの長さのインパクトゾーンの構築に努めましょう。

上手い人たちは「インパクトゾーン」が長い

クラブヘッドが緩やかに下りてきて、芝の上を通過し、再び緩やかな角度で上昇する。インパクトゾーンが長いから、この間ならどこにボールを置いても打てる

クラブが下りてきて、すぐに空中に上がるようではインパクトが点になってしまう。大半のアマチュアゴルファーはインパクトゾーンが極端に短い

上下の〝インパクトゾーン〟を3Dでイメージする

インパクトゾーンについては、ゴルフ雑誌やレッスン書などでよく解説されているので、知識として頭に入っている人が多いことと思います。

ところが、長いインパクトゾーンを自らの目線から見た「ボールを直線でとらえること」と勘違いしてしまうと、スイングづくりがおかしな方向に進んでしまうことになります。

自分の目でクラブヘッドの軌道をつくろうとして、「フェース面を真っ直ぐ動かすのが正しい」と思い込んでいる人が実際多くいます。

スイングを平面的にイメージして、フェース面をどこまでも真っ直ぐ動かそうとすると、ダウンスイングでフェースが閉じた状態で下りてきて、ボールに当たってからフェースが開いて上がっていきます。

そのためにU字の幅が極端に狭い軌道となり、インパクトが点になって打点が安定しにくいのです。

「アウトサイドインの軌道は良くないからインサイドアウトに振ろう」と考える人もいますが、手で軌道をつくろうとすると、インパクトゾーンをより狭くしてしまいます。

フェース面は開閉しつつ、軌道に対してスクエアに動き続ける

アドレスで前傾姿勢をつくっている上に、スイングの軌道は斜めですから、**3Dの視点に立って軌道を立体的にイメージすることが大切です。**

左右だけでなく、上下のインパクトゾーンも考えてください。体の回転に沿ってクラブを振ればインサイド・ストレート・イン、飛球線のやや内側から下りてきてインパクトゾーンは直線に近い軌道で通過し、それからやや内側へと振り抜かれるのが理想と言えます。

ダウンスイングではフェースはやや開いた状態で下りてきて、インパクトゾーンを境にしてフォロースルーではフェースが閉じていくように見えるでしょう。しかし、フェースが開閉しつつも、スイングの軌道に対してはどこまでもスクエアに動き続けています。プロたちの打点に狂いが少ないのはそうした理由からです。

インパクトを通過し、インサイドに振り抜かれる。ここでもフェース面はスクエアだ

スイングの軌道を立体的にイメージする

インパクトゾーンを上下にもイメージすることで、長いインパクトゾーンを構築できる

フェース面は「軌道」に対してスクエアに動く

フェースが開いて下りて見えるが、実際はスクエアに保たれていることを理解しよう

インパクト後にクラブヘッドをすぐに持ち上げるような動きになってはいけない

「左手の外旋運動」が良いスイングをつくるカギ

ベン・ホーガンは著書『モダンゴルフ』の中で、**「左手の外旋運動があるかないかが、ゴルフの上達度に大きく影響する」**という名言を残しています。

「左手の外旋運動」とは、ダウンスイングからインパクト、フォロースルーにかけて左ヒジから先の左前腕部を自分から見て左側に回転させる動きです。

左ヒジは下のほうを向きますが、**左ワキをきつく締めて左ヒジを完全に下に向けた状態で左前腕部を回旋させるのは間違い**です。

ダウンスイングで左手の甲をボールに向けるイメージで振り下ろし、インパクトからフォロースルーにかけて左手甲を目標方向に低く真っ直ぐ出していきながら左前腕部を回旋させましょう。

左ワキを無理に締めないで、ゆとりを感じておくようにするとホーガンのいう左手の外旋運動がスムーズにできます。

プロやゴルフの上手い人のスイングには、この左手の外旋運動が必ず見られます。「左手の外旋運動が良いスイングか悪いスイングかを決める」と言っても過言ではありません。

「フリップ」は左手の外旋運動を妨害してしまうので要注意！

残念なことに大半のアマチュアゴルファーは、インパクトエリアで左手が「フリップ」してしまっています。

フリップとは「左手首が甲側に折れる動き」のこと。要は、手首をこねてしまうという間違った動作です。

なぜフリップが起こるかというと、インパクトの際に重心が右足のほうに乗るため、腕が正しく振れなくなるからです。結果的に左手首が甲側に、右手首は手のひら側に折れて、インパクト後にクラブヘッドを持ち上げてしまうような動きを誘発するのです。

左手の外旋運動を正しく理解することで、フリップしてしまう悪癖を解消でき、長いインパクトゾーンがつくれるようになります。

左手の「外旋運動」のマスターが絶対条件

左ヒジから先の左前腕部を左側（外側）に回転させながらクラブを振り抜くのがスイングの原理原則だ

左手首が甲側に折れてしまうフリップは、長いインパクトゾーンの構築の大敵だ

左ワキは自然にしまることが大切

左ワキのゆとりがスムーズな左手の外旋運動を促す

左ワキをきつく締めると左手が返りすぎてしまう（右）。また、左ワキが引けても（左ワキが開きすぎても）左手の外旋ができなくなる（左）

「左足体重」「ハンドファースト」「フェースターン」の3原則

フリップの悪癖を徹底的に解消し、左手の外旋運動をマスターすることで結果的に長いインパクトゾーンが実現します。

ところで、なぜフリップが起こりやすいかというと、インパクトでフェース面をボールに合わせにいこうとしてしまうためです。

バスケットボールくらいの大きなボールならクラブでしっかり叩けても、直径がわずか4・5センチ程度の小さいボールが相手だと、ドライバーでもアイアンでもフェース面を真っ直ぐにきちんと当てようという意識が働き、ボールに合わせてしまうわけです。

ですから「インパクトで減速」してしまい、「左手首が甲側に折れる」→「体重が右足に残る」→「左手の外旋運動がないからフェースターンができない」→「結果的にインパクトゾーンが短くなってしまう」という具合に悪循環に陥ることになるのです。

そうではなく、**ボールをしっかり打ち抜いて、目標方向に押し込んでいくような感覚でフェースターンしていくことが重要です。**

ボールに合わせるように打つ悪癖を捨てよう

そのためには、インパクトに向かって重心を左足に移動することがひとつの要素となります。そうすれば、自然とグリップしている両手も目標方向に移動し、ハンドファーストの体勢ができあがります。そこにフェースターンを加味することで、長いインパクトゾーンがつくれるようになります。

右足体重ではハンドファーストの体勢がつくれませんし、正しい意味でのフェースターンも不可能です。

ミスを恐れて、脳から「ボールにしっかり当てろ！」と指令を出すから失敗するのです。「ボールを叩け」「しっかり打ち抜け」と思うだけで、合わせにいきにくくなります。減速せず加速できる言葉を見つけて指令を出してあげることが、長いインパクトゾーンをつくる出発点でもあるのです。

スイングの3原則で長いインパクトゾーンをつくる

体重が左足に移動すれば、ハンドファーストになる。その流れでフェースターンが行なわれる

フリップしてしまうとインパクトの打点が安定しない

ボールに合わせにいくと体重が右足に残り、左手首が甲側に折れてしまうことになる

クラブはフェースの「芯」を中心に回るものと知ろう

少し難しい話になりますが、ゴルフクラブというのは「芯」を中心に回転する構造になっています。

シャフトを軸にしてフェースがターンするものと単純に考えてもよいのですが、実際はそうではなくて、**目に見えない「重心軸」を中心にしてフェースターンする**のです。

試しにドライバーでもアイアンでもいいですから、手に持ってぶら下げてみましょう。クラブヘッドの重心はネックよりもトゥ側にありますから、シャフトは垂直には下がらないことがわかるはずです。

重心がある箇所が垂直に下がろうとするため、シャフトが少し傾くのです。

グリップエンドの中心と重心を結んだラインが重心軸であり、芯を中心にフェースがターンするものと考えてください。

クラブには重心軸がある

真っ直ぐぶら下げてみると芯のある箇所が垂直に下がるため、シャフトは少し傾く。グリップエンドの中心と芯を結んだ見えないラインが「重心軸」だ

シャフトを中心にフェースがターンするように見えるが、実際は「芯」を中心にターンする

これがスイングにどう影響するかというと、クラブの性能にまかせるだけで芯を中心にフェースが勝手に開閉してくれるのです。**自分でフェース面を操作しなくてもグリップを柔らかめに握っておき、クラブが行きたがる方向に委ねればフェースターンが自然に行なわれて、結果的に長いインパクトゾーンがつくれます。**

フェース面を固定しようと両手を固めて握り、フェース面をどこまでも真っ直ぐ動かしてボールに当てに行くのは、折角のクラブの性能を殺していることになるのです。

竹ボウキを掃くように クラブヘッドを真っ直ぐ引きずる

長いインパクトゾーンをイメージする方法として、「竹ボウキで落ち葉を掃《は》くイメージ」を取り入れることをお勧めします。

竹ボウキで落ち葉を掃くときは、竹ボウキの先の部分を地面に長くつけて掃くでしょう。接触の距離を長くし、タメを利かせるようにして落ち葉を払いますが、この感覚を取り入れると効果的です。

クラブヘッドで地面を引きずる練習を紹介します。7番アイアンを持ち、クラブヘッドを右足よりもやや外側にセットしてアドレスの姿勢をつくってください。そのままクラブヘッドのソールを地面にこすって目標方向に

向かって引きずっていきます。体重を左足に移動し、ハンドファーストの形をつくって、さらに目標側に動かしていきます。

クラブを直線的に動かしつつ、フェースターンが行なわれて、自分がどれだけの長さのインパクトゾーンがつくれるかの自己診断もできます。ぜひ試してみてください。

左手がフリップしてはクラブヘッドを長く引きずれない

クラブヘッドを右足の前から目標に向かって引きずってみよう。長いインパクトゾーンを体感できる

インパクトの瞬間は「側屈」が必ず入る

「側屈《そっくつ》」というのは、インパクトで上体が右に傾いた体勢がつくられることです。

アドレスで上体の前傾角度をつくり、背中のラインに沿って骨盤も前傾させて構えます。その前傾角度がインパクトエリアでもしっかり保たれていて、かつ前傾軸に対して腰や肩を平行回転させれば、結果的に長いインパクトゾーンが実現します。

と言っても、インパクトがアドレスの再現というわけではありません。**ダウンスイングで腰の捻り戻しが先行し、体重が左足に移動することでインパクトでは右肩が下がった形となります。**

インパクトで右肩が下がり、体の右サイドの側屈が入ると体重が右足に残っているような感覚が起こるかもしれませんが、骨盤が左側に回転し、ハンドファーストインパクトに向かって腕とクラブが振られるのですから、重心は絶対に左足に加重します。

ところが、多くのアベレージゴルファーはインパクトで上体が起きてしまいます。

　インパクトゾーンを平面で考えるとフェース面をどこまでも真っ直ぐ動かすのは正しいと勘違いしてしまうのと同じで、腰や肩を水平に回そうとするために起こるミスと言えます。

　とくに肩を地面と平行に回そうとしてはダウンスイングで右肩が前に突っ込んで、アドレスの前傾角度が保たれず、側屈がつくれなくなってしまいます。

インパクトでは右半身が右側に傾く「側屈」の形となる。これも長いインパクトゾーンをつくる条件だ

体の「縦回転」が理想的なスイングプレーンをつくる

前項で「側屈」について説明しましたが、まだよくわからないという人もいることでしょう。そこで、今度は「肩」と「腰」の正しい動きについて解説したいと思います。

私がアマチュアゴルファーの方々にレッスンする際に、「シャフトドリル」をよく取り上げます。

両手で7番アイアンを水平に持ち、両腕を自然にたらし、アドレスと同じ前傾姿勢をつくります。地面にも飛球線上にクラブを1本置きましょう。

そして、バックスイングで肩と腰を縦方向に回します。ダウンスイングも同じ方向から下ろし、インパクトエリアを通過して肩と腰をやはり縦に回すのです。

わかりやすく言えば、バックスイングで左肩を下げて、ダウンスイング途中から右肩を下げるわけです。

「両肩を天秤のように上下動させるイメージ」と言ってもいいでしょう。

バックスイングやダウンスイング、フォロースルーで両手に持ったクラブが地面に置いたクラブに対してなるべく平行を保つように肩と腰を回します。

体を真横に回転すると軸ブレが起こる

アドレスの前傾角どおりに肩と腰を回転させることで、インパクトで自然と側屈が入り、頭の位置が変わらないことがわかるはずです。


ところが、肩や腰を水平に回そうとすると上体が起きて、頭が左右に大きく動いてしまいます。

両手に持ったクラブが地面のクラブと直角に近い角度で交差して見えます。肩と腰を平面的に、つまり地面と平行に回すのは間違いです。立体的に回すのが正解なのです。

つまり、両手に持ったクラブが地面のクラブと完全に平行を保つのは間違いで、２本のクラブがクロスしない程度になるべく平行をキープするということです。「縦回転をイメージする」ことによって前傾角がくずれにくくなるのです。

「クラブを振る方向」と「フェースの向き」のベクトルを合わせる

ゴルフのスイングには、クラブヘッドの軌道を示すスイングプレーンと、フェース面の2つの要素があります。スイングプレーンはターゲットに対しての「パワーのベクトル」（大きさや方向を持った速度や力）をつくる役目を負っています。

肩や腰を縦に近い角度で回転させれば、パワーのベクトルをターゲットに真っ直ぐ向けやすくなります。しかもフェース面を軌道に対して長くスクエアに保てますから、パワー効率が上がり、方向の安定性と最大の飛距離の両方が得られて、まさに一石二鳥の効果です。

もし肩や腰を水平に回してしまうと、スイング軌道のパワーのベクトルがずれやすくなり、インパクトの打点の誤差が大きくなります。

クラブが向かおうとする方向とフェース面の向きが合致しているのが、長いインパクトゾーンというわけです。

シャフトドリルで正しい肩と腰の回転を体感

クラブを両手に持ち、前傾姿勢をつくる。地面にも飛球線上に1本クラブを置こう

両肩を天秤のように上下に動かすと頭の位置が変わらない。腰も肩と同様、縦に回転する

地面に置いたクラブとなるべく平行に保とう

完全な縦回転ではないが、限りなく縦に近い回転が正しい動きだ

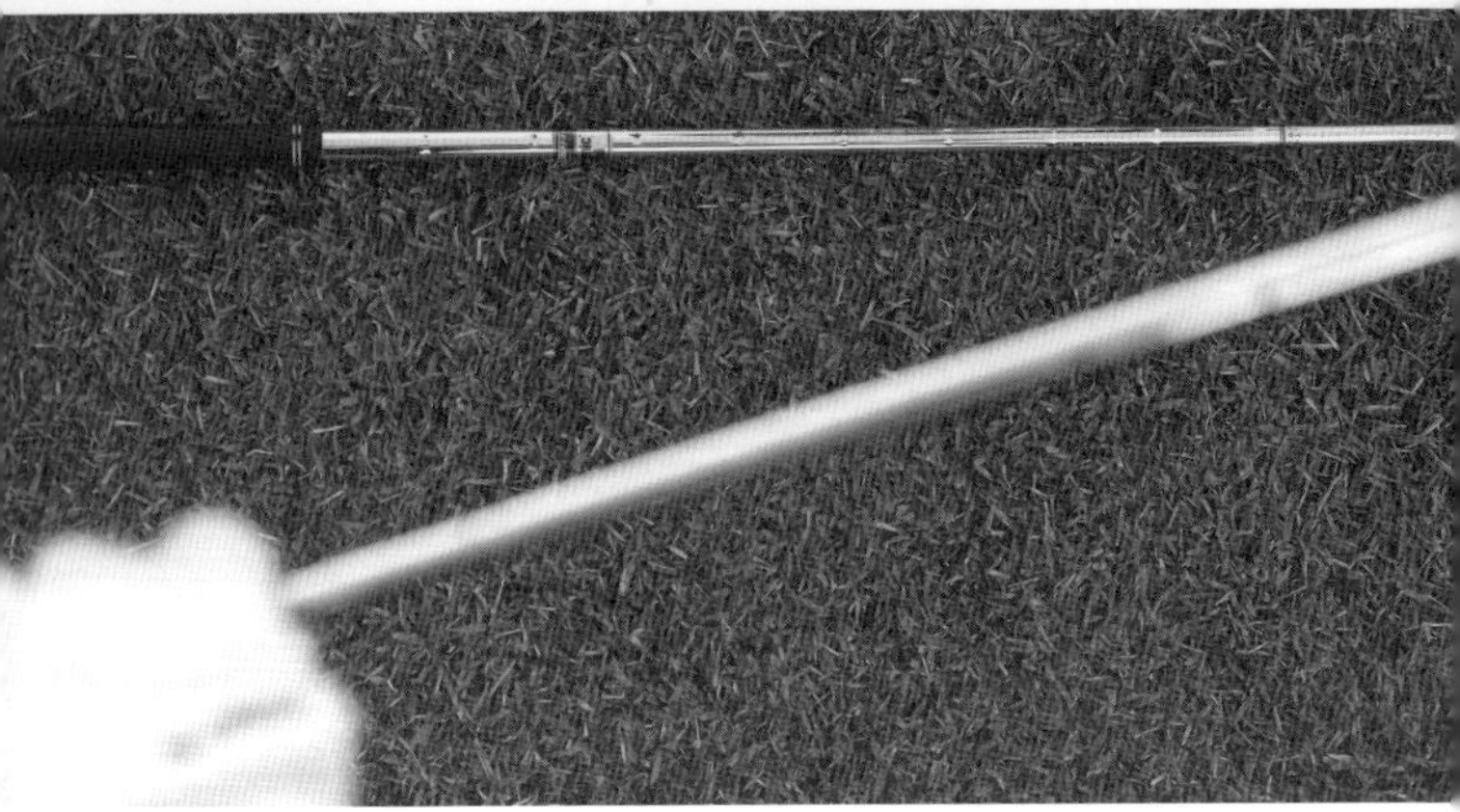

両手のクラブが地面のクラブと交差しない程度にできるだけ平行を保つのがポイント

肩や腰を水平に回すと頭が左右に大きく動く

体の軸が大きくブレてしまい、前傾角度も保てなくなる

両手に持ったクラブが地面のクラブをクロスして見えるのはNG

肩や腰を地面と平行に回そうとするのは間違いだ

「回転スイング（ドアスイング）」からの脱却を目指そう

目指せ 70台

スイングの原理原則で言うと、正しいスイングにはターゲットに対してアウトサイドインのカット軌道やインアウトはあっても、自分の体と手の関係でアウトサイドインやインサイドアウトはありません。

一流選手たちのスイングの変遷を見ても、フェードヒッターで有名だったリー・トレビノや藤《ふじ》田《た》寛之《ひろゆき》選手たちは体と腕の関係から見ますと、カット軌道には振っていないのです。フェードヒッターだろうがドローヒッターだろうが、プロたちは誰もが長いインパクトゾーンでボールをとらえているわけで、スイングの軌道自体には大差ないのです。ターゲットに対して、アドレスの取り方でアウトサイドインをつくっているだけ。軌道に対してフェースを少し逃がし気味に使うとか、ちょっとだけかぶせ気味に打つなど、フェース面を多少コントロールして球筋をつくっているのです。

プロのフェードヒッターは「面感覚」でボールをとらえる技術に長けていて、実際には体と手の関係は**アウトサイドインには振っていない**ことを理解してください。

しかしながら、アベレージゴルファーの多くは、体と腕の関係がカット軌道になっている方が多いのが現状です。トップオブスイングのポジションから肩や腰をいきなり横に回そうとして、結果的に「ドアスイング」になってしまうのです。**この回転型のドアスイングから脱却しない限り、長いインパクトゾーンを構築することは困難です。**

ボールに合わせようとして、体重がなかなか左足に移行しないで右足重心の体勢でインパクトを迎えると、必ずと言っていいくらい「フリップ」が起こります。

ダウンスイングでコックが早くほどけて手首をこねてしまう上に、両手が左足の前にくるハンドファーストとは真逆のハンドレートのインパクトとなり、フェースの芯でボールをとらえられないのです。

インサイドアウトの軌道が“70台”へのステップ！

肩や腰を縦に（前傾角通りに）回転するのであれば、本当はインサイド・ストレート・

インの軌道がベストですが、初めのうちはインサイドアウトくらいのイメージで練習するのがベターです。

ドアスイングのような回転スイングからの脱却はとても大事で、ゴルフに限らず野球やテニスなどどんなスポーツでも、インサイドアウトが大きなキーポイントとなるのです。「フックが打てるようになったら一人前」と昔から言われているのもまさにその通りで、パワーを全開させてボールを強く叩けるような効率のいい体の動きは、どのスポーツも共通です。

アウトサイドインの軌道でも、その軌道に対してフェース面が真っ直ぐであればヒッカケが発生します。パワーのベクトルの面ではナイスショットなのに、目標よりも大きく左に飛んでしまうから結果はミスショットです。

そこで目標方向に飛ばそうとしてフェースを開いて打つと、今度は効率の悪いスイングになり、曲がりの大きなスライスが生じて、飛距離も全然伸びないという深刻な悩みを抱えることになります。

クラブを振る方向とフェースの向きのズレが大きいようでは、いくら球筋をうまくコントロールできるようになっても、いずれは厚い壁にぶち当たって挫折してしまいます。

「押し感覚」が見につけば、ドアスイングが修正される

テニスや卓球などでカットに打って球を殺すテクニックもありますが、**強い球を打つにはインサイドアウトの方向に出していく「押し感覚」が決め手です。**たたんでおいた腕を一気に伸ばすことでパワーを解放させたり、爆発させたりする感覚です。

最初のうちは目標よりも右に飛んでいく「プッシュアウト」が多く出るかもしれません。それでも、インパクトゾーンの長さが伸びてきて、フェースターンが体に馴染んでくると、次第にドローボールが打てるようになります。

フリップが起こった場合はインパクトで両腕が縮んでしまいますが、インサイドアウトの軌道ならインパクトからフォロースルーにかけて両腕がきれいに伸びていきます。

最初は、右に飛んでもＯＫ。押し感覚のスイング軌道とボールがしっかりつかまるフェース使いがリンクしてくれれば、飛距離の出る強い球となりますし、方向のズレも少なくなります。そうなってくれば〝70台〟が見えてきます。

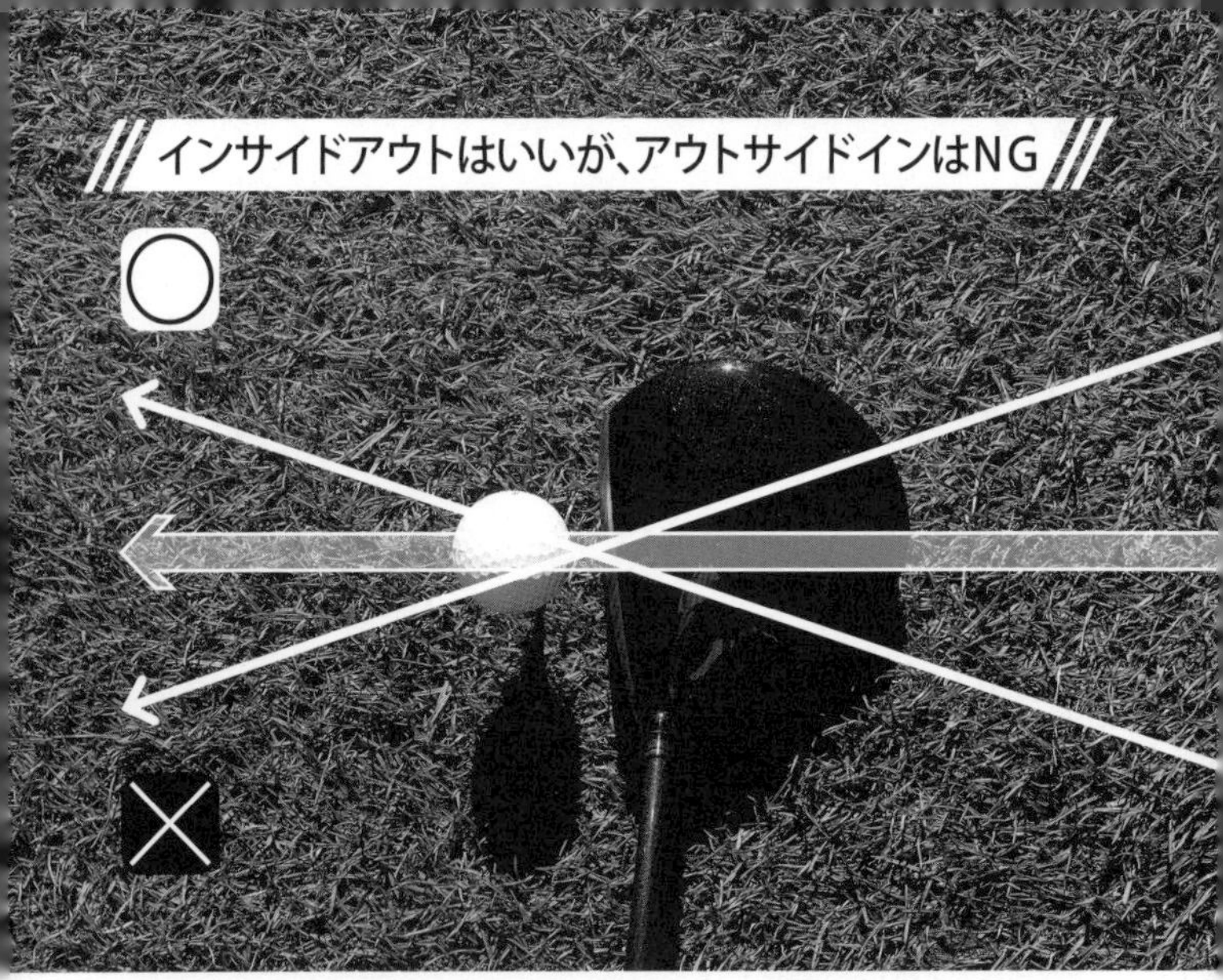
インサイドアウトはいいが、アウトサイドインはNG

理想はインサイド・ストレート・インだが、パワー効率を上げるには軽いインサイドアウト軌道で振るのもいい

肩を横に回そうとしてカット軌道のドアスイングになる癖をなくすのが先決

肩や腰を縦に回転すればインサイドアウト気味になる

肩を縦に回転し、インパクト後に両腕を一気に伸ばしていく「押し感覚」をマスターしよう

「ロフト角を減らす動作」によってパワー効率を上げる

目指せ70台

「パワー効率のいい球」というのは、フェース面がスイング軌道に対してどこまでもスクエアに動きますが、**同時にクラブフェースのロフト角が減る動作も加味される**のが大切なポイントです。

「カット軌道になっている」「アーリーリリースやフリップが起こる」「右足体重になる」「フェースターンの勘違い」などが原理原則から外れたスイングを誘発させる要素ですが、これはロフト角を増やしてしまうことにもつながります。

ハンドレート型のインパクトになり、フォロースルーでクラブヘッドを早く持ち上げてしまうということは、インパクトが一点になるだけでなく、その時点でフェースが寝た（開いた）状態になることを意味します。

そうではなく、**ハンドファースト型のインパクトで、長いインパクトゾーンを形成して**

ボールを低く押し込むように打つのが効率のいいスイングです。

8番アイアンで打つとすれば6番アイアンくらいのロフト角になるくらいまでフェース面を立ててインパクトを迎えるわけです。

ドライバーが飛ばないと悩む人はロフト角を増やしてしまうような打ち方をしているのが原因で、ロフトを減らすことを覚えれば誰でも遠くに飛ばせるようになります。

ロフト角を減らしてインパクト

体重を左足に乗せてハンドファーストに打つことで、アドレスよりもフェース面を立ててインパクトできる

クラブヘッドへの「先端意識」を捨て切ろう

多くのアマチュアゴルファーは、素振りのときはフィニッシュまでしっかり振り切れています。クラブの振り方は人それぞれとしても、ボールへの意識がまったくないからか、意外にカット軌道にはならないものです。

それなのにボールを目の前にした本番のショットでは、別人のようなカット軌道のゴルファーになってしまうわけです。

素振りと何が違うかというと、本番のショットでは「本能」が働く点です。本能とは「きちんとまっすぐ当てたい」意識です。

ＯＢや池があったり、フェアウエイが狭かったりして、「曲げたくない」「真っ直ぐ打ちたい」という願望が強く働いたときほど、クラブヘッドのフェース面をボールに当てにいったり合わせたりするようなスイングになりがちです。

「当てたい」という本能は、人間としては悪くはない本能です。当てようとして実際当たっているわけですから、当たることには成功しています。ところがボールは思ったところに飛んでくれないから、「変だぞ!」「どうしてだ?」とパニックに陥ってしまうのです。

小さいボールでは「バント打ち」になりやすい!?

前述しましたが、ゴルフの原理原則から外れないためには、イメージとして「ボールを叩く」「しっかり打ち抜く」ことが大前提です。

アプローチの中には飛ばさないための打ち方もありますが、基本的には距離を出すためのパワー効率のいいスイングがベストです。

私のスタジオには「インパクトバッグ」というクッションのような練習器具があり、初めての人でも全員がクラブで力いっぱい叩けます。ゴルフボールがバスケットボールくらいの大きさだとすれば、同じように思い切り叩けるでしょう。

ところが、ゴルフボールのような小さな球体を前にすると、ホームランを打つようなスイングができず、途端にバントのような合わせ打ちになってしまうわけです。

「しっかり叩く」ことの本能を呼び覚ませ

よく考えてみてください。野球やテニスなどのスポーツの経験がある人なら、力いっぱい叩く動作は体に馴染んでいるはずです。

スポーツ経験がない女性でも、たとえば布団叩きで布団を思い切り叩くくらいのことはしたことがあるでしょう。

つまり、「思い切り叩く」という動作は誰にでも本能的に備えているはずなのです。たとえは変ですが、実際に「空振りしてもいいからボールを思い切り叩いたら1億円あげるよ」と言われれば、思い切り打とうとするでしょう。

そこにはクラブヘッドの先端へ意識が向かっていて、当てようとか合わせようなどという気持ちも生じないはずです。

つまり、**脳からの指令を変えてあげるだけで、スイングは変えることが可能**なのです。

「バント打ち」のスイングを徹底修正する

クラブの先端を意識せず、とにかくボールをしっかり打ち抜くことを第一に考えよう

ボールに当てにいくとクラブの先端に意識がいき、フリップが起こる

アプローチの練習で"長いインパクトゾーン"を身につけよう

目指せ70台

長いインパクトゾーンを体得する練習法には色々ありますが、多くのアマチュアゴルファーの方々をレッスンしていてもっとも有効と言えるのは「アプローチの練習」です。サンドウェッジを使ってボールを低く転がすレッスンです。サンドウェッジはロフト角が56〜58度もあって、ボールを高く上げたいときに用いるクラブですが、あえて打ち出し角を低くして出球の強い球を打つのです。

第5章でも詳しく説明しますが、**腰くらいの高さで振るアプローチのスイングは、ゴルフスイングの原点です。**

私は、**アプローチの技術を磨くにはサンドウェッジが最適だと考えます。**なぜサンドウェッジがいいかというと、ロフト角が多いためボールを高く上げることもできればフェースを立てて打つことで低く転がすこともできるクラブだから。**グリーン周りからのアプロ**

ーチの技を磨くには、サンドウェッジ１本でカバーするのが上達の近道です。

上げたいときにサンドウェッジを使って、低く転がしたい場合は９番アイアンとか、ピッチングウェッジを使えばいいというのも理にかなっていますが、フェースコントロールを磨くという観点から見ますと、サンドウェッジで高い球低い球と打ち分けることをおすすめします。

サンドウェッジのロフト角を減らして打つ

サンドウェッジで高く上げるのは、言ってみればパワー効率の悪い打ち方です。サンドウェッジのロフト角そのままに打つか、さらにロフト角を増やして打つことで、打ち出し角が高くて距離の出ない球となります。ロブショットなどはその典型です。

しかし、**ボールに合わせようとしてフリップしてしまう癖が体に染み付いている人が、長いインパクトゾーンを体得するには、一番ロフト角の多いクラブでロフト角を減らして打つ練習を積むのが〝70台〟への最短ルートです。**

「ドライバーが飛ばない」「アイアンがダフって仕方ない」などというのは、フリップしてロフト角を増やしてしまう打ち方になっているからです。

72ページで述べたように、ロフト角を減らして打つことでパワー効率が向上し、強い球となるのです。サンドウェッジで低く転がす練習を多く積んだ人は、例外なくロングヒッターになっています。

ドライバーのアプローチ練習も効果的！

グリーン周りの状況に応じてクラブを使い分けることを考えるのは、サンドウェッジ1本で高く上げたり、低く転がしたりの高低をコントロールする技術が身についてからでも遅くはありません。長いインパクトゾーンをマスターできていないうちは、9番アイアンやピッチングウェッジで転がそうとしてもフリップが起こり、本当の意味での距離感が身につかないのです。

また、ドライバーでアプローチスイングする練習も効果的です。腰くらいの振り幅でボールを低い角度で打ち出しましょう。フリップしてしまうのが気持ち悪く感じられるようになってくれれば、確実に上達している証拠です。

サンドウェッジで低く転がす練習が最適

サンドウェッジのロフトを減らして打ち、低く転がすとインパクトゾーンが長くなることを実感できる

ドライバーのハーフスイングで低く転がしてみよう。フリップしてしまうと気持ち悪く感じられる

右ツマ先開きドリルで、「フリップ癖」を解消!!

どうしてもフリップ癖が抜け切らないという人は、通常のアドレスから右ツマ先を開いて構え、ボールを打つ練習をしてみてください。

通常は右ツマ先を真っ直ぐか、10度くらい軽く開いている人も、思い切って50～60度くらいまで開きましょう。

フリップする人の傾向として、ダウンスイングで右肩が前に出たり、右ヒザが前に出て右カカトが早く浮き上がったりして、腰が水平に回ってしまっています。腰が縦に回転しないために体重が左足に移行せず、右腰が引けた状態となるのです。

その点、**右ツマ先を開いておけば右ヒザが前に出ず、腰が水平に回ってしまう間違った動きを抑えられます。**腰の縦回転によって右カカトが引っ張られて、ゆっくり上がっていくことがわかります。フリップしてしまう要因を消すことでスイングを修正してください。

右ツマ先を大きく開いて打球練習

右ツマ先を 50 ～ 60 度くらいまで開いて構えよう

腰を水平に回すと右腰や右ヒザが前に出てしまう

右カカトの浮き上がりが抑えられてフリップ防止の効果が高い

自分のオリジナルを取り入れるのも良いことだ

100年以上からまったく変わっていないゴルフスイングの原理原則さえマスターしておけば、あとのパーツはオリジナルで構いません。

しかし、**フルスイングの練習ばかりに夢中になっていては、長いインパクトゾーンはなかなか身につかないことを肝に銘じておいてください。**

「ドライバーで気持ちよく飛ばしたい」「7番アイアンで150ヤード先のグリーンを狙う練習をしたい」といった気持ちも理解できますが、フルスイング一辺倒の練習では、インパクトゾーンへの意識がうすれてしまいやすいのです。

飛ばないし、曲がる。こうした現象が起こってくると、直したはずのフリップ癖が再発してしまいます。

「左手の外旋運動によってボールをしっかりつかまえるインパクトの感覚」や「インパク

原理原則を遵守しやすいオリジナルの研究

自分のオリジナルを取り入れることで、長いインパクトゾーンを形成しやすくなるケースが多い

長いインパクトゾーンが形成できていれば、レイドオフ（右）でもクロストップ（左）でも構わない

トゾーンを長くしていくことでパワー効率を向上させる」などを正しく理解するには、アプローチスイングの練習を多く取り入れることが大切です。

変則に見える名手も、インパクトゾーンが長い

アメリカツアーにはジム・ヒューリックのような変則スイングに見えるプレーヤーも中にはいますが、インパクトゾーンのクラブヘッドの通り道はみな共通ですし、誰もが長いインパクトゾーンを形成しています。

往年の名プレーヤーのスイングを映像で見ても、ボビー・ジョーンズはバックスイングで右ヒジが高く上がるフライングエルボーで、トップオブスイングでもクラブがクロスしています。ベン・ホーガンはその逆で、トップオブスイングの右ヒジの位置が低めでレイドオフになっています。

でも、インパクトゾーンには何の違いもないのです。逆に言えば、長いインパクトゾーンを形成するための自分なりの工夫を取り入れても良いということです。正しいトップオブスイングをつくろうといくら頑張って、インパクトゾーンが崩れては何もなりません。

第3章

スコアをつくる「ティショット」のマネジメント

コースに出たら、チェックポイントは1個に絞ろう

目指せ70台

練習場は「稽古場」で、ゴルフ場は「舞台」であることは第1章で述べました。舞台に出たら、練習場で身につけたことを存分に発揮するだけですから、「スイングはこうしよう」とか、「こんな感じでインパクトしよう」などと難しいことはあまり考えないようにしましょう。

練習場でいつも意識していることを捨てて、できるだけ無意識の境地になってスイングすることを心掛けてください。

たとえミスしても、コースに出たらスイングチェックはしないことです。細かいことを考えながらラウンドしていると舞台が稽古場になってしまい、第1章で述べた「2」の状態から「3」の状態へのレベルアップがいつまでたっても実現しません。

コースでは、細かい筋肉に対する指令は一切しないことが大切です。私がアマチュアの

方々のラウンドレッスンでいつもお話しするのは、スイングのリズムをつくることです。自分がクラブを気持ちよく振りやすいリズムがあるはずです。「イチ、ニー」や「ワン、ツー」、あるいは「ワン、ツー、スリー」など、自分がクラブを構えたら、もう複雑なことは一切せずに、ボタンを押すだけでスイングをスムーズに始動できる状態にしておきたいわけです。

自分なりのチェックポイントがあるとしたらひとつに絞りましょう。「バックスイングでゆっくり上げよう」「フィニッシュまでしっかり振り切ろう」といった単純なことでいいのです。ただし2つ考えたら、もうそこでリズムが狂ってスイングのパフォーマンスが一気に崩れてしまいますから注意が必要です。

コースは舞台と同じだ。スイングの細かい部分は考えずに、できるだけ無意識の境地になってプレーしよう

安全に打つための「そのホールのセンター」を決める

スコアをうまくつくるには、最初に何を考えるべきか？

もちろんティショットからセカンドショット、アプローチ、パターまでの各ショットを上手につなげることが大事なのは言うまでもありませんが、多くのアベレージゴルファーはいいプレーを維持しないと良いスコアを出せないと思い込んでいます。

こうした思考はスコアメイクを苦しくしてしまいますし、大叩きに直結することにもなりかねないのです。

プロたちはショットの精度が高く、アプローチやパットも高い技術を持っています。しかし、70台の後半、76〜78くらいのスコアでいつも回るシングルプレーヤーたちのプレー内容を見ると、目を見張るようなファインショットを連発させているわけでは決してありません。

それどころか、結構ミスもしています。しかし、致命的なミスは絶対にしません。これが何を意味するかというと、**100点満点の最高のショットを打つよりも、大叩きに一直線の0点のショットを打たないことが、スコアをうまくつくる極意だということです。**

ホールのセンターは、決してフェアウエイの真ん中ではない

ティショットのマネジメントで、絶対忘れてはならないのは「最悪の状況を回避すること」です。

OBや池などペナルティーが課せられるエリアとか、入れてしまうと厄介なバンカーなどを避けて通ることを第一に考えて、その目的を果たせれば50〜60点くらいの「そこそこのショット」でも大成功と考えましょう。

フェアウエイの右サイドは全部OBのホールを迎えたとしましょう。左サイドは土手です。こうした状況でも多くのゴルファーはフェアウエイの真ん中を狙って真っ直ぐ打とうとします。でも、よく考えてみてください。練習場でよく出ているスライスがこの場面でも出たらどうなるでしょうか。OBの餌食になってスコアがガタガタに崩れてしまうこと

は明白です。

この状況においては、ホールのセンターはフェアウエイの中央ではないのです。右サイドにOB以外にも苦手なバンカーがあれば、フェアウエイ中央から右半分は捨てましょう。そして、左のラフとフェアウエイの中間をそのホールのセンターと考えることです。

リスク回避の考え方は「メンタル面」でも有利となる

ホールごとに状況を十分に観察し、リスクを回避するための各ホールのセンターを決めて打つようにすれば、コースを攻略するには実際にはナイスショットはそれほど必要はないことがわかってきます。

ですから〝70台〟のスコアで回れるゴルファーというのは、ミスの許容範囲が結構広いのです。プレッシャーも必要以上に背負うこともないから、メンタルのコントロールもうまいわけです。「良いショットを打とう」「いいスコアで回ろう」と自分を追い込んでしまうと、許容範囲が逆に狭くなります。

リスクマネジメントでスコアのロスを防ぐ

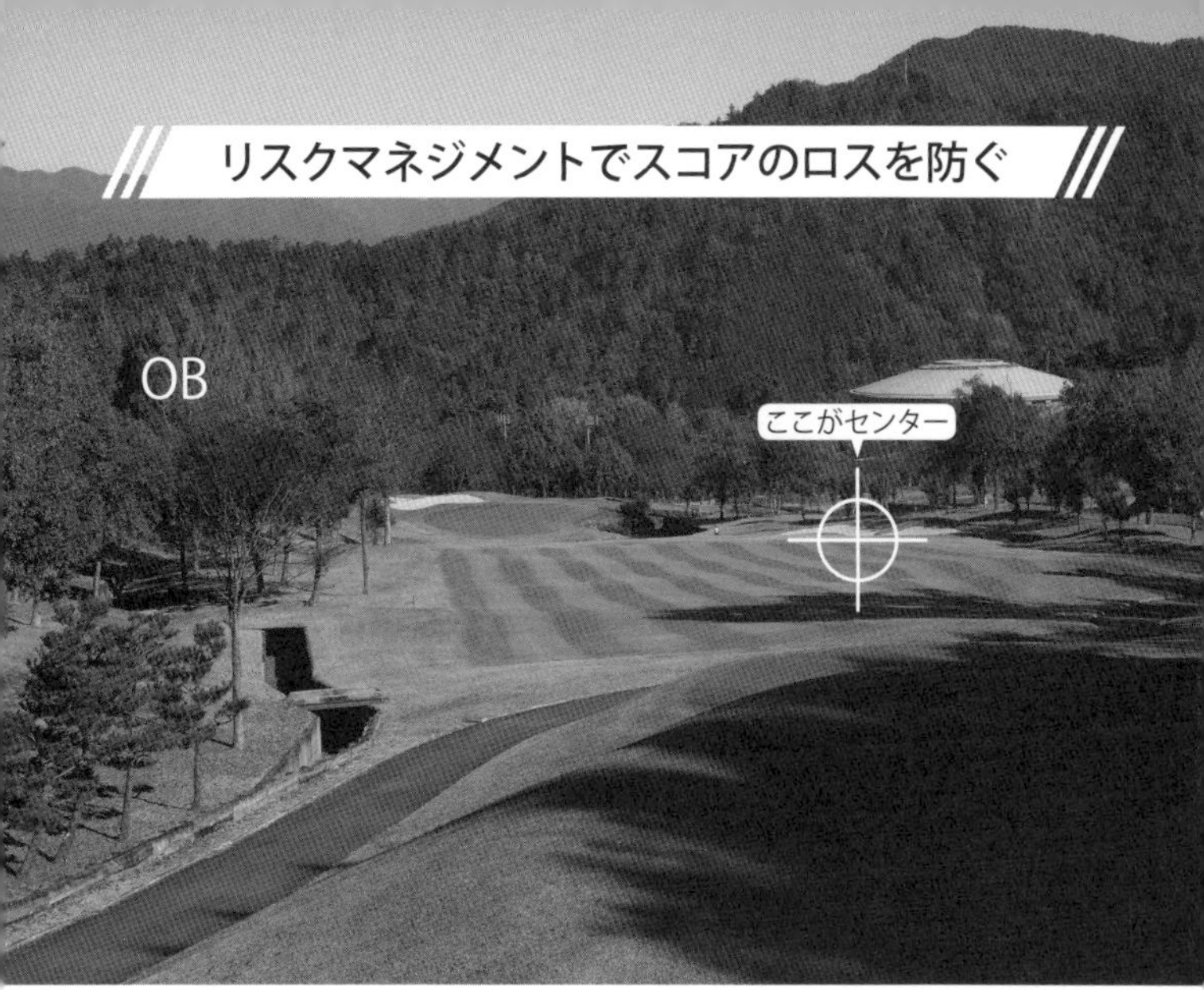

フェアウエイ左サイドがＯＢなら、右ラフとフェアウエイの間付近をセンターと考える

ホールの状況に合わせて、危険なエリアを徹底的に回避する作戦を立てよう

「ゴルフはミスのゲーム」と割り切ることも大事だ

シングルゴルファーたちがメンタル面でも強いのは、自分に対してプレッシャーをそれほどかけていないからでもあります。たとえミスしても、「あそこだから、まあいいや」という具合にミスの結果に悲観的にならないのです。

マネジメント面でいうと、**「ゴルフはミスのゲーム」と考えることがとても重要です。**コースの危険なエリアを回避できれば、ちょっとくらいのミスは許容しましょう。

人間誰しもミスをするのは当たり前、でも致命的なリスクだけは徹底的に避けておけばいいということです。第1章で述べた「Just do it」がシングルゴルファーたちはできているわけで、マネジメントにおいても過程が大事なのです。

コースプレーではポジティブ思考が良いと思われがちですが、シングルゴルファーたちがリスクを徹底回避するという面では「臆病」であり、ある意味ではネガティブと言ったほうが当たっていると思います。

イケイケゴルフは他人から見れば格好よく見えるかもしれませんが、そのようなゴルファーに限ってスコアが伴っていないことが多い。スイングの原理原則に基づいた鉄則がまだ身についてない人が、最高のショットばかりを求めても、結局は無謀なのです。

自分の技術レベルに合わせてプレーすることの重要性

もちろん技術の向上によって、ゴルフ場という舞台で自分のできることがどんどん増えてくるでしょう。

そこで自分の現状を練習場でしっかり把握しておいて、コースでは自分の技術レベルに合わせてプレーすればいいのです。

トーナメントプロたちでさえ、ティショットのフェアウエイキープ率は平均で6割くらいです。10発のうち4発はフェアウエイを外しているのです。それでもアンダーパーでホールアウトできるのはなぜかを考えてみてください。多少のケガはいいから、重症を負わないように、「保険をかけたプレー」を徹底させているからです。

「違和感」を感じるホールほど、ティグラウンドの向きに注意

ティショットを打つときは、ティグラウンドの向きに惑わされないように注意しなくてはなりません。

フェアウエイの右サイドがＯＢで、フェアウエイ左サイドが広くなっているのに、ティグラウンドがＯＢのほうを向いていると、ゴルフがかなり上手な人でも右を向いて構えたがります。

なぜかと言うと、ティグラウンドの向きに対して斜めに構えるとどうしても違和感が生じるため、無意識のうちにティグラウンドの向きと平行に立ちたくなるのです。

「体が右を向いているな」と感じたら、本能的にクラブを左側に振ってしまい、カット軌道になって余計にスライスがひどくなり、ＯＢに一直線です。

フェアウエイ方向を見たとき、何となくなく違和感を感じるようなホールなどではティ

目指せ70台

グラウンドの向きにとくに気を配りましょう。

ゴルファーの腕前や知恵などを試そうといったコース設計家の意図もあります。ホールのシチュエーションに合わせて自分の打つべき方向を明確に決めたら、あとは自分の目標に対してスクエアに構えることです。

その時点でティグラウンドの向きはもう何の関係もないのです。

ティグラウンドの向きに惑わされない

自分が打つべきターゲットの方向を絞って打とう。ティグラウンドの向きは見なくてもいいくらいだ

あえて、ドライバーで打たない作戦も必要だ

私がいつも不思議に思うことですが、パー3ホール以外のティショットではほとんどの人がドライバーを使おうとします。

「遠くに飛ばしたい！」という気持ちもわかりますが、大抵は何も考えずにキャディバッグからドライバーを取り出しています。「ティショット」＝「ドライバー」という図式ができ上がっているため、ドライバー以外で打つという発想がないのです。

ボールを打つ前に、ホールの状況をもっともっと観察してください。左がOBなら右のラフとフェアウエイの間を狙って安全に打ちたい。でも、その方向にフェアウエイバンカーがあって、もし打ち込んでしまうとセカンドショットが苦しくなるかもしれない。そう思ったら、フェアウエイバンカーまで届かないクラブを選択すればいいのです。

最悪の状態を回避するというコースマネジメントの考えとしては、**ドライバーを使うべ**

きホールではないケースはかなり多いものです。スコアをつくるためには、フェアウエイウッド、ユーティリティー、それにアイアンも活用すべきです。

不安が生じたらドライバーで打つ選択肢を捨てる

「帝王」の称号で知られたジャック・ニクラスがなぜあれだけ強かったかというと、朝一番のティショットでドライバーが曲がったら、その日はドライバーを持たないというくらい徹底していたからです。

「曲がるかもしれない」という不安が生じた時点で、不安をなくすことを優先的に考えるわけです。それが強いメンタルにつながるのです。

「このホールは、ドライバーでいい当たりが出たら池まで行ってしまいそうだ。でも、5番ウッドやユーティリティーでティショットを打ったことは一度もない――」そんな状態では、〝70台〟のスコアを出すためのコース攻略を自ら放棄しているようなものです。

また、ティショットの練習として、ドライバー以外のクラブを低めにティアップして打つメニューも多めに取り入れましょう。

打ち下ろしと打ち上げのホールは「目線」に注意しよう

目指せ70台

ティショットが打ち下ろしのホールや打ち上げのホールでは、アドレスの目線の取り方に十分気を配りましょう。

一般的には打ち下ろしのホールではフェアウエイがティグラウンドよりも低い位置にあるため、目線が低くなって体の軸が左側に傾き、体の右サイドが前に出て肩が開くアドレスになりやすいのです。

スイング的にはクラブが上から鋭角に下りてきて、フェースがかぶって当たり、ヒッカケが多発する傾向にあります。

打ち上げの場合はフェアウエイが高い位置にあり、目線が高くなって体の軸が右に傾きすぎて右足加重が強まります。ボールを高い角度で上げたい心理も働き、すくい打ちとなってフェースが開いて当たり、右方向へのプッシュアウトが生じやすくなります。

フェアウエイがティグラウンドよりも低かろうと高かろうと、平坦なホールと同じアドレスを崩さないことが肝要です。

プロや上級レベルのアマチュアたちは状況に合わせてティアップの高さを微調整して球筋の高低をコントロールする技術を持ち合わせていますが、「80」の壁を突破するのが目的であればそこまでする必要はありません。

平坦なホールと同様、目線をできるだけ平行に保ちましょう。ティグラウンドとできるだけ同じ高さ、打ち下ろしでは遠くに見える雲や山、打ち上げなら目標の手前の地面を見るように構え、平坦なホールと同じスイングを実行して、ミスをなるべく抑えることです。

打ち下ろしで目線が低くなったり（左）打ち上げで目線が高くなったり（右）すると思わぬミスを招く。平坦なホールと同じように目線をできるだけ平行に保とう

風が強い日は「クラブを短く持つ」のが得策

強い風が吹いている日は、スコアメイクがとても苦しくなります。ボールの飛んでいく方向や回転が風の影響を受けて方向性を狂わされるし、自分のイメージした飛距離が出しにくいためです。

ドライバーにしてもアイアンにしても、風を上手に利用する作戦もあります。風向きがアゲンスト（向かい風）の場合はティアップを低くしてフィニッシュも低く抑えるとか、フォローの風（順風）ならティアップを高くして打ち出しの高い球を打って風に乗せて飛距離を稼ぐなどといった方法です。

しかし、風向きと強さは正確な判断が案外難しくて、予想外の方向に飛んでしまったり、風の読みが甘かったために池やフェアウエイバンカーに打ち込むなどトラブルを招いたりしやすいものです。

目指せ70台

風が強い日はなるべく風の影響を受けにくいスイングを実行するのがもっとも無難です。**まずグリップの中間付近で両手を握り、ドライバーを短く持ちます。ティアップの高さは普段と変わらないようにするのがいいでしょう。**

ティアップを低くすると視覚的に上から鋭角に打ち込みたくなり、カット軌道のスライス、またヒッカケが生じやすくなります。

スイングはコンパクトでも体をしっかり回転

そして、**通常のフルスイングを10とすれば7~8くらいの振り幅に抑えます。**トップオブスイングとフィニッシュをコンパクトにして低めに抑えますが、体はしっかり回転することです。

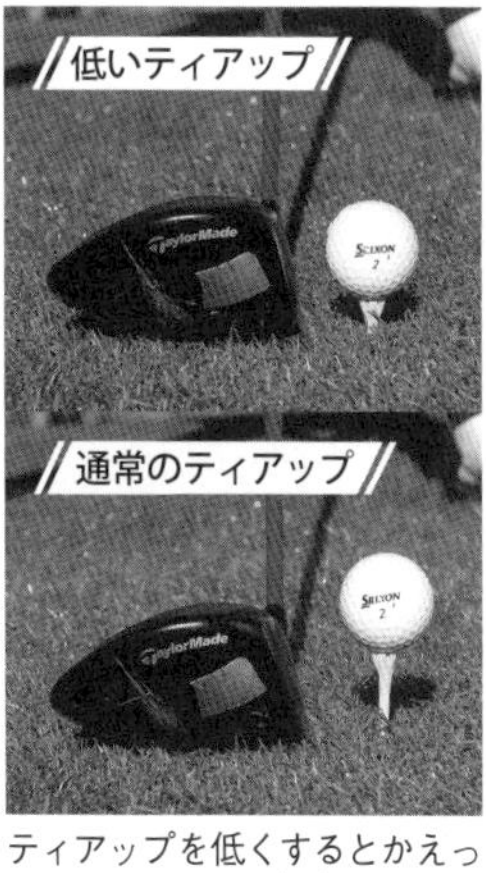

ティアップを低くするとかえってミスしやすい（上）。通常の高さで打つほうが無難だ（下）

風が強い日ほどクラブを短く持って打つ作戦が効果アリ

スイングの振り幅を小さめに抑えるからといって、手先の動きでクラブを操作してはいけません。ボールに合わせにいこうとすると、インパクトゾーンが短くなり、ヒッティングポイントが安定しないのです。

もうひとつ注意して頂きたいのは、クラブを短く持つことでクラブが軽く感じられるために、スイングのリズムが普段よりも速くなりやすい点です。

いつもと同じスイングリズムでボールをしっかり打ち抜くという原理原則は、強風下のゴルフも変わらないのです。

こうした心掛けが最終的にはミス防止の一番の決め手となるわけです。

クラブを短く持つと軽く感じられる反面、ヘッドスピードはやや低下してスピン量が減る。その分キャリーも落ちるが、フェアウエイをキープしやすい

第4章

スコアをつくる「フェアウエイショット」のマネジメント

「ソールを滑らせるイメージ」がフリップを招く

フェアウエイウッドは横から払い打つイメージがいいのか、それとも上から打ち込むのがいいのか。アイアンの場合は上から打ち込むのか、打ち込まないのか。

そんな具合に「一体どっちがいいの?」という疑問をお持ちの人は多いことでしょう。要はその人のイメージの持ちようなのですが、ひとつ言えるのは「クラブヘッドは必ず上から下降し、ボールをヒットしてから上昇していく」ことです。上から打とうなんて思わなくても、勝手に上から打てるのです。

ところが、フェアウエイウッドでソールを滑らせるイメージで横から払い打とうとすると、合わせにいくような打ち方になりやすい点に注意してくだ

横から払い打とうとすると、フリップが起こりやすい点に注意

さい。50ページで説明したフリップが起こりやすく、長いインパクトゾーンがつくれなくなる確率が大きいのです。

アイアンはもちろん、フェアウエイウッドもターフをきちんと取るつもりでスイングしましょう。56ページでクラブヘッドを地面に引きずる練習を取り上げましたが、ショットの前にこれを一度しておくと長いインパクトゾーンをつくる感覚が簡単にチェックでき、ダフリやトップなどのミスを未然に防げます。

ターフがきちんと取れてこそ、本当の意味での払い打つ感覚が身につくのであって、長いインパクトゾーンでボールをとらえるという原理原則は、ドライバーもフェアウエイウッドもアイアンも変わりありません。

上から打ち込もうとするより、ターフをきちんと取るつもりで打とう。

「芝を軽くこする素振り」で本番をリハーサル

目指せ70台

コースマネジメントの面でもスイングの面でも当てはまりますが、フェアウエイからのショットで重要なポイントとなるのは、ボールに対して自分がどう動けば良いかを的確に判断するということです。

フェアウエイ上と言えども、平坦な場所ばかりとは限りません。コースの地形によっては平地があまりなくて、傾斜地からのショットを余儀なくされることも少なくないのです。

傾斜地からの打ち方は後で詳しく解説しますが、**ボールがある場所の状況において自分がどう動けるのか、スイング中に重心がどのように移動できるか、といったことをショット前の素振りで必ず確認しておくことが大切です。**

素振りで本番のショットをしっかりリハーサルしておかないと、いざボールを打つ段階になって、クラブヘッドをボールに届かせようとしたり、ボールに合わせようとしたりしてフリップが起こってしまいます。

結局のところ、自分中心でなくて、ボール中心のスイングとなってしまうわけです。

上手い人は「自分中心」で構えて、そこにボールがある状態にする

プロやゴルフの上手い人は、つねに「自分中心」で構えています。自分中心というのは、その状況に適応したアドレスの姿勢、スイング中の重心移動、体の回転や腕の振りなどの体の動きを実行することです。

それを素振りもしないでいきなりやろうとしても無理があります。状況に適応したアドレスやスイングができないから、ボールに合わせるような動きになってしまうのです。それがすなわち「ボール中心」の動きというわけです。

平坦な場所ならまだしも、傾斜地となるとスイング中の体の動きは重心移動が制限されます。傾斜の具合に合わせて、「このくらいの振り幅ならバランスをしっかり保てるな」「これ以上大きく振ると重心移動が難しくなってくるな」などの感覚を素振りで確かめておきましょう。

スロープレーはいけませんが、本番のショットを想定した素振りは絶対に必要です。最低でも2回は反復して感触をつかんでおくことです。

なお、「重心移動」とは体の動きは小さくてもスイング中に重心を左右に移動させながらバランスをしっかり保つことを言います。

芝を軽くこする素振りをすれば、適切なボールの位置がわかる

そしてもうひとつ重要なことは、**本番のショットをリハーサルする素振りでは、必ずクラブヘッドで芝を軽くこするようにする**という点です。

空中を振るだけでの素振りでは、本番でクラブヘッドをボールに届かせようとして手前をダフってしまうという現象が起こります。

その状況下において、自分がどう動けばいいのか。**芝を軽くこする素振りでそれを確認し、芝がこすれた地点にボールをセットすればいいのです。**

ショット前の素振りの仕方でショットの成否が大きく分かれることを知ってください。

本番のショットを想定した素振りが大切

アイアンもフェアウエイウッドも、打つ前にクラブヘッドのソールで芝を軽くこする素振りを必ずしておこう

スイングは自分中心であるべきで、自分がどう動きたいかによってボールの位置が決まる

グリーンの「手前」と「奥」のどっちが安全かを見極める

日本の伝統的なコースの場合、グリーンの手前側が受けている造りになっていることが大半です。グリーンの奥側が高く、手前側が低いのでピンの手前側から攻めるのがコース攻略のセオリーとよく言われます。

それは確かに言えることで、グリーンの奥からのアプローチやカップの奥からのパットは下りとなるため、距離感のコントロールがとても難しくなります。

その点、手前側からなら上りのラインとなり、ボールをしっかりヒットしやすいという面でスイングがシンプルで済みますし、距離感もイメージしやすいと言えます。

でも、何でもかんでも手前側が良いとは限りません。砲台グリーンの手前側からは打ち上げのアプローチとなり、高度なテクニックを要します。

グリーンを狙うショットを打つ際には、「手前側から攻めるのが定石」という固定観念にとらわれず、**グリーン周りの全体の状況をよく確認し、もしグリーンを外してしまった場合、どこに外すのが一番安全なのか、どこに外したら危険なのかを見極めて安全なサイドを狙って打ちましょう。**ホールの状況においては、グリーンの手前側よりも奥側のほうが安全なケースも決して少なくはないのです。

私がアマチュアゴルファーの方のラウンドレッスンで強調するのは、「手前から攻めるのもいいけれども、次のアプローチができるだけ平らな場所から打てて、しかもピンに寄せられそうな場所に打つ」ということです。

ナイスショットしてピンまでぴったりのクラブを選択する

「距離感」の話になりますが、「ナイスショットでないと届かないクラブを持つから失敗する」という話をよく耳にするでしょう。でも、これは微妙であり、疑問でもあります。なぜなら、届かないと思って大きいクラブを持ってナイスショットしたら、グリーンに乗ってどんどん奥に転がってしまう危険性を負っていることになるからです。

正確な表現で言えば、「ナイスショットをして、ちょうどピンまで行くクラブ」を選択するのがベストです。これならミスショットしてもグリーンの手前に残りやすくなります。

グリーンの手前にショートしてしまうことが多いから、クラブの番手を上げて打った結果、たまたま良い当たりが出てボールが飛びすぎてしまい、グリーンオーバーとなるケースが案外多いのです。

ナイスショットが打てたら最高のご褒美。ミスしてもケガが小さくて済むようなクラブ選択を心掛けましょう。これもコースマネジメントの鉄則です。

また、「自分は7番アイアンで150ヤード飛ぶ」と自慢する人がよくいますが、実際に打ってもらうとその多くはキャリーが140ヤード前後です。トータルの飛距離も大切ですが、まず自分の「キャリーの距離」を知ることが大切です。

まず手前のグリーンエッジまで距離を確認し、次にピンの位置とピンまでの距離を確認して、グリーン上のどの辺に落として、ボールがどのくらい転がってピンの近くに寄っていくかのイメージを組み立てましょう。そのイメージにマッチしたクラブを選択することです。自分の距離を過信すると、グリーン手前側に深いバンカーがあるケースなどでトラブルに見舞われてしまいます。自分の本当のキャリーの距離を把握しておいてください。

グリーンを外しても次のアプローチが打てる安全なサイドを狙おう

ナイスショットが打てたら、ちょうどピンまで届くクラブを選択するのが基本。ただし、奥側のほうが安全と判断したら番手を上げて打つのがいい

クラブの番手どおりの距離を打つってどういうこと？

７番アイアンで打っても、５番アイアンで打っても、飛距離がほとんど変わらないというゴルファーが多くいます。

アイアンの番手間のキャリーの差は、一般のアマチュアゴルファーで10ヤードくらいですから、７番アイアンのキャリーが１３０ヤードの人であれば、５番アイアンで１５０ヤードは打てないと話がおかしくなります。

前項でも述べたように、アイアンの自分の飛距離はキャリーで判断することが重要です。グリーンの硬さによってランの距離が変わり、トータルの距離が変動するわけで、キャリーとランの合計で１６０ヤードで、グリーンをオーバーしたからといって１６０ヤード飛んだと思い込むのは大きな勘違いです。

グリーンが軟らかくてボールが止まりやすければ、１３５ヤードしか飛ばなかったということにもなるわけです。

話を元に戻しますが、7番アイアンも5番アイアンもキャリーが大差ないという人は、フリップしていることが主な原因と考えられます。ボールをヒットした後にクラブヘッドを早く持ち上げてしまうため、インパクトが短い点になっているのです。

番手とおりの距離を打つには、ロフトを減らしてインパクト！

現在の5番アイアンは昔よりもロフトが立っていてロフトを減らす動きが難しくなっている点も挙げられますが、**長いインパクトゾーンをつくれれば、5番アイアンなりのキャリーが打てるようになるはずです。**

重要なポイントは、72ページでも説明したようにロフト角を減らして打つことです。

体重を左足に移動し、ハンドファーストインパクトの体勢をつくり、さらにフェースターンを加えてボールをとらえるという原理原則です。

プロや上級者たちはインパクトゾーンが長いため、その幅の間ならボールをどこにセットしても確実にヒットできます。

ボールを右寄りに置けば、ターフが深く長く取れますし、左寄りに置くとターフがあまり取れなくなります。プロの中にはスイング軌道の最下点でボールをとらえる感覚という人もいますが、それはボールを右寄りに置くとバックスピンがかかりすぎてしまうから、ちょっと左寄りに置くことでインパクトの打点とボールのスピン量をコントロールしているのです。

インパクトゾーンが長い人は、トラブルにも強い

ともかくアイアンの上達のためには、ボールの先側のターフがちゃんと取れるように、ロフト角を減らして打つ練習を積むことです。

テークバックでクラブをこう上げていこうとか、トップオブスイングの位置はこうだとか細かいことはあまり意識しなくて結構です。長いインパクトゾーンをつくる練習に専念すれば上達の成果がどんどん表われてきます。

こうしてインパクトゾーンを長くする感覚をつかんでおけば、傾斜地からのショットやフェアウエイバンカー、ディボット跡のショットでも上手に対応できるようになります。

ターフが取れるようにロフトを減らして打つ

インパクトゾーンが長くなれば、クラブの番手とおりのキャリーが打てるようになる

「左足上がり」は重心を左足に移動して打つ

目指せ70台

「ボールの先のターフがちゃんと取れるスイング」というのは、クラブの正しい使い方の指針となります。

それと同時に傾斜地やフェアウエイバンカー、ディボット跡などボールのライが良くない場面でも、長いインパクトゾーンを確保できる長所にもつながります。

さて、傾斜地からのショットですが、「左足上がり」「左足下がり」「ツマ先上がり」「ツマ先下がり」の4つのそれぞれの状況の対応策を説明しましょう。

その前に次にあげる傾斜地のショットの共通点を頭に入れておいてください。

・平地と比べて体を動かしにくいため、スイングの振り幅を小さめに抑える
・スイング中の重心移動も小さくなるので、ボールを通常よりも内側にセットする
・下半身が動かしにくいからといって完全に固定しない

・どんな傾斜でもスイング中に下半身が移動できるようにショット前の素振りでしっかりリハーサルしておく

体重移動と言ってしまうとスイング中に体を左右に揺さぶるイメージと誤解されやすいものですが、下半身の動きを小さめに抑えつつ、重心の移動を使ってスイングすることが大切です。

右足体重のままでスイングするのはNG

左足上がりの場合は、傾斜と平行に立ち、低いほうの右足に体重を多く乗せて構えます。ただし、上体が右に傾きすぎないように注意しましょう。

そして、アドレス時の右足体重のままでバックスイングし、ダウンスイング以降は重心を左足に移動します。体重が右足に残ったままではフリップになり、ダフリやトップが生じます。重心が左に移動し、クラブを振り抜いてから重心がまた右に戻る感覚です。

ダウンスイング以降は重心を左に移動する

下半身の動きは小さいが、重心を左足に移動してクラブを振り抜くのが大切なポイント。振り抜いた後はまた右足に戻ってよい

左足上がりは斜面と平行に構えてスイング

アドレスは傾斜とできるだけ平行に立つ。ボールの位置は通常よりも内側。トップオブスイングの位置も低く抑えよう

体重を左足に乗せようとして突っ込んでもいけない

右足体重のままではフリップが起こってしまう

「左足下がり」はターフを取る気持ちで打つ

左足下がりの斜面からのショットは左足上がりとはまったく逆で、低いほうの左足に体重が乗りやすくなります。

これは斜面に沿ってスイングするだけで、長いインパクトゾーンをつくりやすいという利点につながります。

ただし、平地に比べてアドレスでクラブのロフトが立つため、ボールが上がりにくい特徴があり、ボールを上げようとするとフリップが起こります。

体重が右足に乗って上体が右に傾き、インパクト後にクラブヘッドを早く持ち上げてしまうことになります。ミスの症状としてはトップやチョロ、シャンクなどが生じます。

アドレスでは左足体重に構えますが、上体を左に傾けすぎないためにも体の軸をなるべく真っ直ぐに保ちましょう。ボールの位置は左足上がり同様、通常よりも1個分ほど内側となります。

「クラブを低く振り抜くイメージ」が一番の決め手

バックスイングでは、体重を左足に乗せたままで上体をしっかりねじります。スイングの振り幅が小さくなり、トップオブスイングもコンパクトになります。

高い側への重心移動はなかなか難しいものですが、体をしっかりねじるために多少なりとも重心を右足に移動させるイメージを持ちましょう。

ダウンスイング以降は、バックスイングで少し右に移動した重心を左に移動し、クラブを低い位置へと振り抜きます。

距離を出そうとして振り回すとインパクト以降で上体が目標方向に突っ込んでしまい、バランスを崩すことになりますから、下半身の安定感をキープしましょう。とくに左ヒザの角度が変わらないように気を配ることです。

下半身を安定させて体の軸を一定に保ちつつ、左への重心移動を使ってボールの先のターフを取るくらいの気持ちでスイングするのがミス防止のコツです。

クラブヘッドを低く出していけばミスしない

ダウンスイング以降は傾斜に沿ってクラブを振り抜く。ターフを取る気持ちでクラブヘッドを低く出し、フィニッシュもコンパクトにまとめる

左足下がりは左足体重のスイングがベース

体の軸をなるべく真っ直ぐに保ち、低いほうの左足に体重を多く乗せる。重心を少し右に移動させてバックスイングする

ボールを上げようとすると右足体重になり、フリップが起こって様々なミスを誘発させる

「ツマ先上がり」は左足に重心移動させてインパクト

両足よりもボールのほうが高いツマ先上がりの斜面では、ボールが目標よりも左に飛びやすいという特徴があります。

物理的な話になりますが、クラブヘッドのほうが高い位置にあると自分から見てリーディングエッジ（フェースの刃の部分）が目標を向いているように見えても、実際はクラブのライ角の変化によって、フェース面が最初から目標の左を向くことになるのです。

ロフト角の多いショートアイアンほどその傾向が強まり、ボールが左に飛びやすくなります。球筋としてはフックというよりもヒッカケです。

そして、5～6番アイアンのようにロフトの立ったクラブほど、ヒッカケの度合いが軽減されます。

アドレスでは平地よりも自分の胸とボールの間隔が近づくため、クラブを短めに持ちましょう。この場合もボールの位置は通常よりも内側です。

ボールが左に飛びやすい点を計算に入れて、目標よりもいくらか右に、7番アイアンであれば傾斜の度合いに合わせて10~15ヤードくらい右を向いて構えるのが無難です。

インパクトで手首をこねないように留意する

スイングに関しては、下半身のバランスを保ちやすいように体重移動を制限させますが、下半身を完全に固定してはいけません。手先だけでボールに当てるような動きとなり、やはりフリップが起こるからです。

平地よりもスイングの軌道が横型に近い分だけ手首をこねてしまいやすく、フェースが急激に返ってひどいヒッカケやチーピンが生じやすくなる点に注意が必要です。

体の軸を一定に保ち、下半身の動きを小さく抑えた状態で重心移動を使ってスイングしましょう。左足に重心を移動しながらインパクトを迎えればインパクトゾーンが長くなり、フェースターンが軽減されて少し左に飛んでいく程度ですみます。

ハンドファーストに打ってヒッカケを軽減

振り幅を小さく抑えることで、フェースターンが軽減される

フリップを徹底防止するためもハンドファーストインパクトは絶対条件だ

ツマ先上がりも重心移動を使ってスイング

胸とボールの間隔が平地よりも近づくため、クラブを短く持つ

右足に重心を移動して上体を捻る。トップオブスイングはコンパクト

「ツマ先下がり」は左足体重に構えてフリップ防止

クラブのライ角の変化という点では、ツマ先下がりはツマ先上がりと反対にフェース面が最初から目標の右を向くことになります。

ロフトが立ったクラブほどボールを右に押し出してしまいやすく、ロフト角の多いショートアイアンになるとそれほど右に飛ばなくなります。

しかし、4つの傾斜地の中でもっとも下半身のバランスを保つのが難しく、下半身の固定が要求されるため、腕振りの感覚が強まります。インパクトエリアでフェースターンが起こりやすく、実際はあまり右方向には飛ばず、むしろヒッカケが生じやすいのです。プロや上級者になると、ツマ先下がりではドローのほうが打ちやすく感じられるものです。

アドレスでは下半身を安定させやすいようにスタンスを広めにし、腰を低く落として構えます。ボールの位置はほぼスタンスの中央です。

傾斜地の中では体重移動量がもっとも小さくなるので、7対3、もしくか6対4くらいの割合で最初から体重を左足へ多めに乗せておくことをおすすめします。

下半身を完全に固定してしまうのは逆効果

こうしておくと左足下がりと同じようにバックスイングでは右への重心移動が難しくなる反面、ダウンスイング以降の左への重心移動がスムーズに行なわれますから、インパクトでハンドファーストの形がつくりやすく、フリップを抑えられるのです。

プロたちのツマ先下がりのショットを見るとわかりますが、バランスを崩さないように下半身を安定させていながら、左足に重心を移動してボールを打っています。

スイングの原理原則をそのまま当てはめれば、インパクト後にクラブヘッドをすぐに持ち上げてしまうミスを未然に防止できるのです。下半身の固定が要求されるからといって完全に止めてしまうと手打ちになり、フリップが起こることになります。

いずれにしてもショット前にクラブヘッドのソールで芝を軽くこする素振りを反復し、スイングの振り幅やボールをとらえる感覚をリハーサルしておくことが大切です。

ツマ先下がりは最初から左足体重に構えると有利

スイング中は頭の高さをキープ。長いインパクトゾーンがつくられれば、ボールを狙った方向に飛ばせる

左足への重心移動がスムーズになり、ハンドファーストにインパクトでき、ボールを正確にとらえやすい

下半身の固定感覚が強く、スイングはコンパクト

腰を十分に落とし、重心を低くして構える。下半身の固定感覚が強まる分だけスイングの振り幅が小さくなる

スタンスを広めにして下半身を安定させる。この場合は体重を左足に多めに乗せておくといい

フェアウエイとラフの芝はこんなに違う

フェアウエイから正確なショットを打てるようになるには、長いインパクトゾーンが必須であることは十分に理解して頂けたことと思います。しかし、ラフからのショットになると状況がまた変わってきます。

日本の一般営業のコースではラフをあまり長く伸ばしていないところが多く、セミラフといって短めのラフであることがほとんどです。

セミラフならフリップする人でもやさしく打てる

セミラフにボールがある場合、ボールがやや沈んで見えても実際には少し浮いた状態となります。つまり、ボールを低くティアップしたのと等しいのです。

インパクトゾーンが短くていつもフリップしている人は、練習場のマットの上に置いたボールよりも、ティアップしたボールのほうがやさしく感じられるでしょう。マットの上に直接置いたボールを打つ際にフリップしてしまうと、インパクトの打点が安定せず、ダフリやトップが生じますが、ティアップすればフリップしてもボールをうまくすくい打てるからです。

それと同じで、インパクトゾーンが短い人は、ラフのほうがフェアウエイの芝よりも打ちやすく感じるのです。

『日本オープン』の開催コースのようにラフの芝を伸ばしていて、深いラフにボールがすっぽり入ってしまったケースは別問題として、セミラフの場合はインパクトゾーンの許容が広くて、スイングの原理原則が守られていないゴルファーにとってはまさに天国です。

フリップしてしまう人がラフでは難なく打てるとしても、長いインパクトゾーンがいつまでも身につかないようでは70台のスコアなんて遠い夢物語です。

セミラフとは逆にフリップしては、ミスショットに直結してしまう状況のほうが遥かに多いのです。

フェアウエイの芝がそうですし、ディボット跡にボールが止まったときやフェアウエイバンカーからのショット、それに前に説明した傾斜地からのショットなどにおいて、低くティアップしたボールをすくい打つようなスイングばかりしていては、上達は絶対にあり得ません。

悪いライにも対応できるスイングを身につけよう

フリップしてしまう人はセミラフでしかボールをうまくとらえられませんが、**インパクトゾーンの長い人はボールがセミラフに浮いていても、フェアウエイとまったく変わらないスイングを実行するだけでボールを正確にヒットできます。**

つまり、ボールがフェアウエイにあってライが良好な場合も、セミラフからでも、またディボット跡などライが悪い場所からでも、ボールの位置をちょっと調整するだけで、スイングをとくに変えなくてもミートできるだけの技量を持ち合わせています。それだけ状況対応力にすぐれたスイングと言えるのです。

ラフはフリップOKだが、癖になってはいけない

セミラフの場合、ボールを低くティアップしたのと近い状態で、インパクトゾーンの短い人でもやさしく感じられる

フリップさせることを第一に考えるのではなく、こうした打ち方でも対応できることを知っておこう

基本的にはセミラフでもパワー効率の良い打ち方を実行するのが理想的

フェアウエイバンカーこそ、長い"インパクトゾーン"が必要だ

フェアウエイバンカーからのショットは、長いインパクトゾーンがちゃんとつくられているかどうかを自己診断する絶好のチャンスです。

というのは、完全にちゃんとしたスイングができていないと打てないフェアウエイバンカーの場合、グリーン周りからのガードバンカーとは異なり、クラブヘッドがボールの手前に落ちてしまうミスは致命的だからです。

ハーフトップは飛距離のロスがそれほど大きくないので許されるミスになりますが、手前をダフるミスは飛距離が著しく低下し、スコアメイクを苦しくしてしまいます。

長いインパクトゾーンでボールをとらえる鉄則を守れているゴルファーであれば、フェアウエイバンカーからでも苦もなく打てるのです。

ただし、その鉄則に対する準備として、フェアウエイからのアイアンショットよりもボ

フェアウエイバンカーでスイングの良し悪しを判断

ボールを通常よりも右に置き、バックスイングで重心を右に移動する

フォロースルーはクラブヘッドを低く長く振り抜いていくイメージ

長いインパクトゾーンが身についていれば楽に打てるはずだ

ールを1個分右に置き、スイング軌道の最下点の手前側でボールをとらえられるようします。そして、インパクトエリアでフェースターンを使いながら、クラブヘッドのソールで砂を引きずっていく感覚で振り抜いていきましょう。

フェアウエイと違って足場が不安定ですから、距離を出そうとして振り回してはいけません。傾斜地からのショットと同じように、下半身の安定感を損なわない範囲で重心移動を使ってスイングすることです。

もし、フリップの癖が抜け切れていなかったとしたら、ボールを右寄りにセットしてもうまくとらえられません。上から鋭角に打ち込みすぎるのはまだマシとしても、すくい上げようとしてインパクトで左手首が甲側に折れてしまうのは完全にNGです。

フリップしてしまうと、ボールの手前をダフって距離がまったく出ない

第5章

「寄せる」「入れる」のレベルアップで“70台”へ

アプローチの上手い人は、みんな〝インパクトゾーン〟が長い

目指せ70台

日本には四季があり、季節ごとに状況が移り変わります。同じコースの同じ場所でも春、夏、秋、冬ではまったく違ったシチュエーションとなり、その状況に適応した構え方や打ち方をしなくてはなりません。

コースレイアウトの難易度は日本よりも難しいコースは世界各国に沢山ありますが、季節の移り変わりによるライの変化という面で考えますと、日本のコースは世界一難しいと言ってもいいのではないかと思うのです。

ライの変化という観点から考えれば、色々なライから打てるのですから日本のゴルファーは恵まれているとも言えますし、どういう打ち方をすればいいのか、どんな球をイメージすればいいかなどの状況観察力を身につける機会がとても多いとも言えます。

フリップしてしまうためにインパクトゾーンが短い人でもボールをうまく打てる状況も

中にはありますが、やはり様々な状況に対応する力をつけるにはインパクトゾーンが長い人のほうが圧倒的に有利です。

アプローチでスイングの本質の理解度を高める

ピンまで50ヤードとか、30ヤードといったアプローチショットにはとくにそれが当てはまります。

秋のセミラフにボールが浮いているケースならフリップしてもダフリやトップにはならず、ピンの近くに寄せることも十分に可能です。

ところがグリーン手前の花道で、一見ピンに寄せやすそうな場面でも春先の薄芝だったら、同じ打ち方をするとソールが地面に跳ね返されてしまい、ザックリやトップ、シャンクといったミスの結果となります。

アプローチのスイングには、クラブの使い方など何から何まで"スイングの本質"が一番凝縮されており、そのスイングの鉄則をマスターすることでショートゲームの技術が飛躍的にレベルアップします。**「アプローチの上達がシングル入りの近道」**とよく言われる理由がそこにあります。

ボールにきっちり当てようという意識は百害あって一利なし

アプローチが上手い人はみんなインパクトゾーンが長くて、グリーン周りのあらゆる状況に対応できます。

逆に言えば、アプローチが苦手な人や「アプローチイップスが直らない」などと言っている人は、インパクトゾーンが短いところに原因があるのです。

自分ではボールにきちんと当てようとしているつもりでも、フリップしてばかりいては状況対応の力がなかなか身につきません。それにアプローチが苦手な人は、ドライバーやアイアンにも苦手意識があるはずです。

プロやシングルゴルファーたちは、インパクトゾーンの長さがボール5～6個分くらいあるので、「ボールにきっちり当てよう」なんて考えてもいないのです。

アプローチこそボールに当てにいかないこと

アプローチが苦手な人はボールを当てにいくためにフリップするのが原因

インパクトゾーンが長い人は、グリーン周りのあらゆる状況に対応できる

アプローチはショット以上に「ターゲット意識」を高める

アプローチのスイングは、ドライバーやアイアンなどのショットと異なり、振り幅をコントロールして打ちます。

打ちたい距離に応じてスイングの振り幅の大きさを変えるわけで、それによってスイング中の重心移動量も変わります。

小さめのスイングで打つのですからフルショットとは違い、スタンスを狭めにして構えます。その分だけ、左右の重心移動の距離も短くなります。

プロたちのアプローチスイングを見ると、下半身がほとんど動いていないように見えるかもしれませんが、重心の移動は必ずあるのです。

この重心移動によってアプローチのような小さなスイングでも長いインパクトゾーンがつくられるのであって、重心移動がまったくなく下半身を完全に固定してしまうとインパ

クトが点になってしまいます。そこを勘違いしないことです。

アプローチが苦手な人は、「自分はアプローチが下手だ」とネガティブにとらえますが、下手なのではなくてインパクトゾーンが短いだけです。

インパクトでクラブヘッドが地面に一瞬当たるだけですから、フリップが起こってしまいます。ボールに合わせようという意識を捨てるだけでインパクトゾーンをどんどん長くしていけるのです。

アプローチこそ目標意識を明確にして打つ

前項でも話しましたが、アプローチにはスイングの本質や原理原則が全部詰まっています。

クラブコントロール、スイングコントロール、ライの見極めなどが必要ですし、ショートゲームにおいては「ボールをここに落として、こうピンに寄せていく」といったイメージ力も要求されます。結局のところ、ゴルフのすべてが凝縮されているのです。

ゴルフはターゲットスポーツという観点で考えれば、ティショットやアイアンショットよりも、アプローチショットのほうがターゲットに対する意識が明確になります。

ドライバーなら「大体あの辺に打とう」とアバウトに考える人でも、グリーン周りからのアプローチになるとピンを狙おうとするでしょう。

「こうやって打とう」「こんな感覚で寄せよう」などといったイマジネーションも働きます。

ショートコースにたくさん出かけて、アプローチの技術を磨こう

アプローチの技術やイメージ力に磨きをかけるなら、本コースよりもショートコースにたくさん出かけることをおすすめしたいと思います。

ピンまで30ヤードとか50ヤードなど短いコースでも大いに結構です。ボールのライを見極めたり、ピンまでの距離に応じて、「ボールをこんな球筋でグリーン上のこの辺に落として、ボールがこんな感じで転がってピンに近づいていく」という具合に、ボールがピンに寄っていくシーンを映像としてイメージするのです。イメージと実際のギャップを少しずつ埋めていきつつ、長いインパクトゾーンを構築してください。

いかにピンに寄せていくかのイメージ力をつける

グリーン上のあそこに落として、ボールがこんな感じで転がってピンに近づいていくといったシーンを想像しよう

アプローチがダフってしまう本当の理由とは？

アプローチショットも結局は長いインパクトゾーンが必要です。そうした観点から言うと、アプローチでダフってしまう大きな理由に「重心移動がないこと」が挙げられます。

クラブヘッドというのは、自分の重心があるところに落ちたがる性質があります。もし、ダウンスイング以降で重心が左に移動せず、右足体重のままでインパクトを迎えようとするとコックが早くほどけて、クラブヘッドが右足の前に落ちてしまいます。

打点がボールよりも手前となるからダフリが生じ、インパクト後にソールが跳ね返されてフェースの刃がボールに当たると、低い角度で飛び出すトップが発生します。**多くのゴルファーの言うトップは、実は「ダフリトップ」なのです。**

フリップが起こるとダウンスイングのタメがなくなり、インパクト後にクラブヘッドが早く持ち上がります。

その点、ダウンスイングで重心を左に移動させれば左足体重で、さらにハンドファーストの体勢でインパクトを迎えることができます。

アプローチのような振り幅の小さいスイングでも、左への重心移動によってタメが自然につくられて、クラブヘッドのソールが芝に長く触れていられるような打ち方が身につくのです。

1ヤードから打つアプローチ練習もしてみよう

私がアマチュアの方々によくして頂く練習に、**「1ヤードドリル」**があります。サンドウェッジを使い、最小のスイングで1ヤードだけ打つのですが、左足加重、ハンドファースト、フェースターンの3原則を満たすことが条件です。

なかなか難しい練習ですが、慣れてきて2ヤード、3ヤードと少しずつ距離を伸ばしていくとフリップしてしまうのが不快に感じられるようになります。

ダフリを避けようとしてボールを右に置き、上から鋭角に打ち込むだけでは上体が目標側に突っ込みやすく、長いインパクトゾーンがつくれないことも理解できます。

サンドウェッジで低く転がす「強い球」のアプローチ

アプローチには「強い球」と「弱い球」の2種類の打ち方があります。この2つをサンドウェッジで説明しましょう。強い球は低く転がす打ち方のことで、パワー効率が良くて距離の出る球質となります。つまりインパクトゾーンが長いアプローチです。

アドレスではボールをスタンスの中央よりも右側にセットし、ハンドファーストの体勢をつくって構えます。

でも56度のサンドウェッジを使っている人が、インパクトでも56度のロフト角で打つとボールの打ち出し角が高くなりすぎて、低く転がすことができません。ポイントは40～45度くらいまでロフト角を減らすイメージでインパクトすることです。

体重は最初から6対4くらいの割合で左足に多めに乗せておき、バックスイングで重心を少し右に移動させます。そしてダウンスイング以降で重心を左に移動し、左足荷重でインパクトを迎えます。アドレスよりもさらにハンドファーストの度合いが強まり、アドレスで6対4くらいだった左足荷重が7対3、もしくは8対2くらいまで強まります。

さらに左前腕部の外旋（左側）を使い、フェースターンさせながらクラブヘッドを低く長く振り抜いていきます。

右前腕部を内旋させながら、右手のひらで押し込んでいく

サンドウェッジで強い球を打つには、インパクトからフォローースルーにかけて左前腕部を外旋させる動きと同調して、右の前腕部を内旋（左側）させます。右ヒジを下に向けたまま、右手のひらでボールを目標方向に押し込むイメージを持ちましょう。こうするとフォロースルーでクラブヘッドのトゥ側が返り、フェース面が斜め上を指します。

左に引っかけてしまうような気がするかもしれませんが、左腕と右腕が正しく使えていればボールは狙った方向に低く転がります。左に引っかけてしまうのは左ワキをきつく締めたり、右上腕部も一緒に内旋させたりするためです。

ハンドファーストの度合いを強めて打つ

ダウンスイング以降で重心を左に移動し、インパクトではアドレスよりも左足荷重を強めてボールを打つ

強い球のアプローチはボールを右に置く

ボールを右寄りに置き、6対4くらいの割合で体重を左足に多めに乗せてハンドファーストに構える

インパクト後にクラブヘッドを低く長く出していきながら、フェースターンする。左ワキを無理に締めないことが大切なポイント

右手のひらでボールを押し込むイメージ

右ヒジを下に向けた状態で右前腕部を内旋させながらボールを押し込むイメージ。これで長いインパクトゾーンがつくれる

サンドウェッジで高く上げる「弱い球」のアプローチ

目指せ70台

強い球がパワー効率の良い打ち方であるのに対して、弱い球はパワー効率の良くない打ち方です。ボールの打ち出し角が高く、距離は低下します。

インパクトゾーンが短い打ち方と言えますが、アプローチにおいては決して間違っているわけではなく、セミラフからのロブショットや、フェアウエイの芝がきれいに生えていてライが良好な場所からボールを高く上げて止めたいケースなどでは有効です。

アドレスではボールを左寄りに置き、体重配分は左右均等です。強い球は左腕とクラブが一直線のy字型のアドレスですが、弱い球の場合は両腕とクラブがY字型に見えるアドレスとなります。

バックスイングでは重心を少し右に移動し、ダウンスイング以降は左への重心移動を少なめに抑えます。するとコックが早くほどけて右足加重となり、ハンドレート型のインパクトがつくられます。

フリップが起こってフォロースルーではクラブヘッドが早く上昇します。右手のひらを目標方向には押し込まないで、真上に向けるイメージです。結果的にフェースターンが制限されてフォロースルーではフェースが上を向きます。

右手のひらを上に向け、ロフトを増やしてインパクト

サンドウェッジのロフト角は56度とすれば、インパクトでは65～70度くらいまで増やして打つのが弱い球のアプローチの特徴です。このアプローチは上下のインパクトゾーンが狭いため、芝の薄い場所やディボット跡などライが良くない場所には向きません。フリップしてもきちんと打てる場面だけで用いるようにしましょう。

ドライバーが飛ばない、アイアンでよくダフる、番手通りの距離が打てない、などの悩みを抱えている人は、アプローチでの弱い球を打つようなスイングになっているのが原因です。サンドウェッジで弱い球と強い球を打つ練習を継続すればパワー効率を上げ下げの打つ感覚がつかめて、スコア〝70台〟の道につながります。

左への重心移動を抑えることでリリースを早めてインパクト。打ったあとはクラブヘッドが早く上昇する

弱い球のアプローチはY字に構える

この場合はボールを左寄りに置き、正面から両腕とクラブがY字に見えるようなアドレスをつくる

インパクトでロフト角を増やして打つため、フェースターンを抑える。結果的にフェース面が空を指す

右手のひらが上を向くように振り抜く

インパクトからフォロースルーにかけて右手首が手のひら側に折れていくような右手使いがポイント

最初にボールのライを確認し、「どう寄せていくか」をイメージする

グリーン周りからのアプローチでは「想像力」を働かせて打つことが大切です。前にも述べたように、ボールをグリーン上のどの辺に落として、どのように転がってピンに近づいていくかのシーンを映像として明確にイメージするのです。

そのためには、**ターゲットを意識したルーティーンワークが重要なポイントになります。**ボールからグリーンエッジまでの距離、ピンの位置やピンまでの距離をよく確かめなくてはなりませんが、**最初に確認しなくてはならないのはボールのライです。**

一見ボールを上げてピンの近くに落としたほうが良さそうな場面でも、もし芝が薄かったりディボット跡に入っていたりしたら、ボールを上げる弱い打ち方は捨てましょう。

サンドウェッジで低く転がす強い球でピンに寄せると決めたら、**今度はグリーンの速さと傾斜を見ます。**ピンが比較的近くでグリーンエッジのすぐ先に落とすとピンをオーバー

してしまうそうなら、グリーンエッジの手前に落として寄せることも考えます。

状況にもよりますが、まずボールのライを見て、どんな打ち方を選択するかを決め、次にグリーンの速さと傾斜からボールの落とし場所を決めるのです。それから自分の打ちたい球筋をイメージしながら素振りを繰り返し、集中力を高めます。構えたら、イメージが消えないうちにスイングを開始しましょう。

こうして打ちたい球をイメージする習慣をつけておくと、距離感も自然に身につくし、状況に応じて強い球と弱い球をうまく使い分けられるようになります。

ショートコースなどの練習で身につけたように、打つ前にボールがピンに寄っていくシーンをイメージすることを習慣づければ、アプローチがめきめき上達する

バンカーショットは「弱い球」を打つ要素を取り入れる

バンカーショットではボールを直接ヒットせずにクラブヘッドを手前から入れて、インパクト時の砂の爆発力でボールを脱出させます。

ある程度の高さを出す必要があるとか、ピンが割合近くで飛ばしすぎたくないケースなどでは、弱い球のアプローチの打ち方を応用することもできます。

アドレスではサンドウェッジのフェースを開き、軽くオープンスタンスに構えます。ボールの位置はスタンスの中央がベースです。フェースを開くのは、56～58度のロフト角を65～70度に増やすと同時に、インパクト時の砂の抵抗を軽減させるためです。

ハンドファーストに構えるとインパクトでフェースの刃が深くもぐってしまい、スムーズに振り抜けなくなりますから、正面から両腕とクラブがY字型に見えるようなアドレスをつくりましょう。

体重配分は左右均等でも、6対4の割合で左足に多めに乗せても構いませんが、バックスイングで重心を少し右に移動した後、ダウンスイング以降の左足への重心移動を緩やかに行なうことです。弱い球を打つときの右足加重の感覚を少し取り入れることで、クラブヘッドをボールの手前に落としやすくなり、良い意味でのダフリショットとなるわけです。

ピンが遠い場合は「強い球」の要素を取り入れて打つ

フェース面とボールの間に砂が入るわけですから、直接コンタクトするよりもボールが飛ばないため、ある程度のスイングスピードが普通のアプローチよりも必要となりますので、なるべく大きく振っていくことが大切です。

ただし、バンカーショットにおいては強い球のアプローチの感覚がいけないというわけではありません。ピンが遠いときや砂が硬く締まっている場合などは、インパクトゾーンを長くして打つ必要が出てきます。

打ち出し角を高くしたい、距離を抑えたいといった場面で、弱い球を打つときの要素を取り入れて打つというように、状況次第で使い分けることが大切です。

フェースを開き、オープンスタンスに構える

サンドウェッジのフェースを開けば、大きめにスイングしても飛びすぎる心配がない

クラブヘッドがスムーズに振り抜けるようにオープンスタンスに構えよう

左への重心移動を緩やかにしてY字型にインパクト

通常のアプローチの
3倍くらいの振り幅で
バックスイングする

クラブヘッドを早く上昇
させると、ボールの打ち
出し角が高くなりやすい

×

弱い球を打つイメージ
といっても右足加重に
なりすぎてはいけない

ボールの周りの砂を払い打つイメージ。クラブヘッドを
ボールの手前に落とすことで良い意味でもダフリとなる

目指せ70台

パターだって長い〝インパクトゾーン〟が決め手

「80」の壁を突破し、念願の〝70台〟のスコアを達成するにはショートゲームのレベルアップが必須条件です。

ショートゲームには、アプローチだけでなくパットも含まれます。パットはアプローチよりも目標までの距離が短くなり、最終目標であるカップに対してターゲット意識をさらに強くさせる必要があります。

スタート前の練習グリーンでは、ロングパットの練習を多めにしておくのが良いという話をよく聞くでしょう。パットは距離感が最重要であって、とくに長いパットをいかにカップの近くに寄せるかがスコアに大きく影響するからです。

10メートルのパットを左右に3メートルも外してしまうことはそんなにないはずです。ところが、距離感が合わないと3メートル以上も手前にショートしたり、オーバーしたりすることは案外多いでしょう。

距離の長いファーストパットがカップに寄らなければ、必然的に3パットの回数が増えて、ときには4パットもしてしまいます。

そのためにも練習グリーンでその日の芝の状態をテストし、スタート前にロングパットを多く打っておくことで距離感を把握しておくことが大切です。

きちんと当てようとするとやはりフリップになる

パットは距離感が勝負であり、「タッチがすべて」と言っても過言ではありません。ここでスイングの原理原則の話に戻りますが、**パットが上手い人もやはりインパクトゾーンが長いのです。**

パットの場合、ストロークの振り幅が大きくないですから、フェースのトゥやヒールに当たってしまうというミスヒットはあまり生じません。ではどんなミスが発生しやすいかと言えば、打点の上下のズレです。ボールの側面をボールの芯と考えれば、フェースの芯といかに正確にコンタクトするかが重要であって、2つの芯がずれて当たるとボールの転がり不安定になり、距離感が合いにくいのです。

パットでも、ボールに合わせにいこうとするとフリップが起こります。とくにパターを振り子のように動かして、フェース面を真っ直ぐ保とうとする人ほど、結局は短いインパクトゾーンにしかならないわけです。

フェースの芯で打ててこそ、距離感がつくれる

長いインパクトゾーンとはショットと同様で、ストロークのU字軌道の幅が広いことを言います。インパクト後にパターヘッドがすぐに上昇せずに、緩やかにフェースターンしながらパターヘッドが低く長く出て行く軌道です。

そうして毎回フェースの芯で打てている人でなければタッチが生まれるはずがありませんし、自分の距離感をつくることもできないのです。

左右のインパクトゾーンもそうですが、上下のインパクトゾーンを長くすることも考えてください。アプローチの強い球を打つときの動きをそのまま取り入れて、パワー効率の良いストロークを修得しましょう。

フェースの芯でヒットしやすい打ち方を知る

フェースの開閉を緩やかに使って、パターヘッドを低く長く動かすことで長いインパクトゾーンがつくれる

フェースを真っ直ぐ動かす意識の強い人はフリップが起こりやすいので注意

カップの手前で止めるつもりで打てば、タッチが合いやすい

パットには「ネバーアップ、ネバーイン」という格言があるのをご存知でしょうか。これはボールをカップまで届かせなければ、永遠にカップインできないという教えです。

つまり、カップに入れたければカップに必ず届く距離感、言い換えれば強めのタッチで打つことが大事であることを示唆しているのです。

まさにその通りで最終目標であるカップに入れるには、絶対にカップに届かせることが第一条件です。

しかし、カップに届かせることは自分の距離感をつくることにはなりません。なぜならカップに届かせるための距離感は、もしカップに入らなければ3メートルも5メートルもオーバーしてしまう強すぎるタッチも含まれるからです。

理想的な距離感としては「カップを30～50センチオーバーさせるくらいのタッチ」だと

よく言いますが、カップの先まで転がす練習だけでは距離感を磨くのは困難です。

それよりも**カップに届かなくてもいいから、カップのすぐ手前、それも5〜10センチくらい手前に目標を設定し、寸止めの練習をしましょう。**

ちょっとシビアな練習ですが、**カップに入れないですぐ手前で止める訓練を積むと距離感が驚くほど磨かれます。**

「カップに入れてください」と言うと、方向ばかり気にして距離感が合いにくくなりますが、「カップの手前で止めてください」と言えば、誰でも距離感を優先させてストロークしようとします。スタート前の練習においてもタッチを合わせるのが目的なら、狙ったカップの手前に寸止めする練習を多めにしておくと効果的です。

セカンドパットを入れやすいほうに外すのが鉄則

もうひとつ知っておいて頂きたいのは、**ファーストパットが仮に外れたとしても、セカンドパットで入る確率が高いほうに外すということです。**

15メートルもの長いパットや、複雑にうねったスネークライン、あるいは二段グリーンなどは、セカンドパットをどこから打ったほうが入れやすいかを事前に判断しておきましょう。

パットは上りを残したほうが有利ですし、スライスラインとフックラインでは、どちらが得意なのかもセカンドパットで考慮できるようになるとスコアがまとまってきます。

セカンドパットを打つ際、ボールからカップまでのラインを読むだけでなく、カップ周辺の全体の傾斜も十分に観察して、ファーストパットとセカンドパットをどうつなげるかをイメージしてから打ちましょう。

距離感を養うにはカップのすぐ手前にショートさせる寸止めの練習が有効

距離感を合わせる練習を多くつもう

長いパットではセカンドパットを入れやすいほうに外すことも念頭に置いて練習しよう

カップに入れるだけがパットの練習ではない。長い距離のパットはあえて入れない練習のほうが役立つことが多い

「0・5」をつくるゴルフでパットがめきめき上達！

「0・5」をつくるゴルフというのは、わかりやすく言えば「OKパット」を増やすことです。

パーパットを惜しくも外してしまい、「お先にパット」を入れたら、それはスコアでは「5」となりますが、内容的にはOKパットを「0・5」と考えて「4・5」とも言えます。

最後にカップインさせなくても、**同伴のゴルファーから「それはもういいよ」と言ってもらえるようなOKパットの「0・5」が多いほど、パットが上手い人なのです。**

OKの距離は基本的にはワングリップくらいで、約25センチです。パットが外れてそのくらいの短い距離が残ったなら、ラインの読みも大体当たっているし、距離感やタッチも合っているということになります。できることならスコアカードに各ホールのパット数に加え、最後にカップインさせた距離も書き込んでいくといいでしょう。

ＯＫパットを増やそう

「80」の壁を突破するためのパット数「32以内」を目標にした上で、ＯＫパットをできるだけ増やすことを目標にしてください。スコア全体の40パーセントがパット数の目安と言われていますから、最初に１００を切りたい人は「40以内」、90切りなら「36以内」と徐々にパットの技術レベルを引き上げていきましょう。

パットの上手い人はＯＫパットの回数が多い。ラインの読みやタッチが合っているからだ

タッチによって、ラインは無数に変わる

パットがなかなか上達しないゴルファーの一番の共通点として、カップの入り口をひとつしか考えていないことがあげられます。

キャディ付きのラウンドをしていて、ピンを持ったキャディさんが「カップ２つ分右を狙ってください」などとアドバイスしてくれることがよくあるでしょう。

そこでカップ２つ分右を狙って真っ直ぐ打ったら、フックラインのはずがカップの右をすり抜けてしまったとします。

「なんだ、曲がらないじゃないか」とか「ラインが違うじゃないか」と、もしあなたがキャディさんを責めたとしたら、それはお門違いです。

キャディさんはジャストタッチで打つならカップ２つ分右を狙うのがいいですよと助言してくれたのに、あなたが強めに打ってしまったため、ほとんど曲がらずにカップの右を

すり抜けて大オーバーしてしまったというわけです。

同じスライスラインでもタッチによってラインが無数に変わります。ですからパットの狙いは「距離感と曲がり幅」で決まり、距離感と曲がり幅が一緒になってこそ初めてラインが生まれるのです。

自分でラインをつくることを習慣づけよう

グリーンの傾斜がわかりにくくてラインが読めないときは、「スライスラインとフックラインのどっちですか?」と訊ねるのはまだいいとしても、どのくらい曲がるかをイメージするのは自分だけの世界です。

キャディさんが「カップ1個分左を狙ってください」とアドバイスしてくれて、軽いスライスラインとわかったら、**自分でラインをつくることが大事です。**

まず、カップまでのラインを思い描いてカップの入り口を決めます。スライスラインでも強めのタッチで打つなら曲がり幅が小さくなり、カップの入り口は正面に近くなります。

カップにぎりぎり届かせるジャストタッチでは曲がり幅が大きくなりますから、カップの入り口も左斜め前となるわけです。

タッチによってラインがどうにでも変わりますが、大事なのは自分でラインをつくって打つことです。

このくらいのタッチで打てばボールがこのくらい曲がるかなと明確にイメージするのです。そうすれば最初のうちは距離感とラインのイメージが合致しなくても、続けているうちに距離感が合ってくるようになり、ラインを正確につくる技術が備わってきます。

パットは「決め打ち」が何よりも大事だ

全盛期のタイガー・ウッズのように**パットが抜群に上手い人は、何が一番優れているかというと、「決め打ち」ができているという点に尽きます。**

ですから、パターはまさに打つ前のルーティーンワークがとても重要ですし、パットの場合、目標までの距離が短いだけに結果にとらわれやすく、「Ｊｕｓｔ ｄｏ ｉｔ」の「Ｊｕｓｔ ｄｏ」を実行できにくくなるため、構える前にラインもタッチも全部決め込んでおいて、構えたらあとは何も考えずに「ストローク開始」のボタンを押すだけにしたいわけです。

カップまで１メートルの入って当たり前のパットになると、誘惑が多くなります。パットのストローク自体はほんの１秒くらいの動きにすぎないのに、自分で決め打ちができていないとストローク中にパターヘッドが泳いでフェースの芯を外してしまい、残念無念の結果に陥りやすいのです。

ショートパットは構えたときにカップが視界に入るし、結果がすぐに見えます。でも、誘惑を断ち切って「Ｊｕｓｔ ｄｏ」、つまり自分のやるべきことに集中し、それを遂行しましょう。

出だしの３ホールのうちはなかなかタッチが合わなくても、感覚が次第につかめてくるとライン読みとタッチ合わせがリンクするようになり、カップに入ったりカップの近くに寄ったりする確率が高まってきます。

いつも決め打ちができていない人は、一日中タッチが合わないままで終わり、パット上達のキッカケづくりがなかなかできません。

タッチによってラインとカップの入り口が変わる

距離感と曲がり幅をリンクさせれば
自分のラインがつくれるようになる

同じスライスラインでもタッチの強弱
によってラインが無数にある。ライン
によってカップの入り口も変わる

自分でラインをつくる「決め打ち」が大切だ

ラインがうまく読めなくても、
自分なりに気持ちの整理を
つけてストロークしよう

グリーンの傾斜を見てラインを読み、
実際の転がりとギャップを埋めていく
作業の積み重ねでパットが上達する

「転がりのスピード」のイメージがラインの読みにつながる

ラインの上手な読み方として、アマチュアゴルファーの皆さんにアドバイスしておきたいことがあります。

それは**ボールが転がるスピードをイメージする**ということです。

グリーンの傾斜を読んで、ボールをこの方向に打ち出せば途中でこう向きを変えてカップに近づくというイメージづくりによってラインをつくるのですが、多くの人はボールの転がりを最初から最後まで同じ速度で考えてしまう傾向が見られます。

ロングパットなどはストロークの振り幅を大きくして打ちますから、最初はボールが勢いよく転がっていき、グリーン上の芝の摩擦によってスピードが徐々に弱まり、次第に重力が働いている方向に、つまりグリーンの傾斜にしたがって転がっていきます。

距離の長いパットほど、転がりのスピードを「初速」「中速」「終速」の3段階に分けて

イメージすると、ラインをより正確に読み取れるようになります。

球足が弱まってボールが転がる向きが変わっていく場所、ラインの一番高いところを見つけておくことも大切なポイントですが、傾斜がきつめのグリーンにおいてはラインを浅く読みすぎているゴルファーが多いのです。

ボールが転がっていくスピードをイメージするのは、もはや「アート感覚」の世界といっていいでしょう。

アプローチもそうですが、パットもボールの軌跡を明確にイメージする感覚が絶対不可欠なのです。

長い距離のパットほどボールが転がっていくスピードがどう変化するかのイメージが大切だ

あとがき

世の中には何とか打法とか、こう打てば必ず上達するといった新理論などが多く出回っています。とても新鮮に感じられて、自分も試してみようという気持ちになることでしょう。でも、はっきり言っておきますが、ゴルフクラブの形状が変わらない限り、ゴルフスイングの原理原則は絶対に変わらないのです。

ベン・ホーガンやボビー・ジョーンズの時代から現在に至るまで、名手と称されたプレーヤーのスイングには共通項があります。それがスイングの真理であり、これから先もずっと変わることのない原理原則です。

自分なりに色々試してみて、スイング改造に取り組むのもいいことだと思います。しかし、スイングの原理原則からは外れないようにしてください。

本書を読破して、「こんなにたくさんのことをしなくちゃいけないの?」とため息をつきたくなるかもしれませんが、決してそんなことはないのです。

一口で言えば、アプローチの練習を積み重ねて「長いインパクトゾーン」を構築するだけでも、〝70台〟が必ず実現します。ドライバーやアイアンなどのショットやパットでさえもアプローチの延長と考えれば、ゴルフスイングをシンプルにとらえることができます。

さらに長いインパクトゾーンは、傾斜地やディボット跡などライが悪い場所にも対応できるという利点もあります。

この世には、ゴルフが上手くなれない人は一人もいないというのが私の考えです。安定したインパクトゾーンのつくり方を知らないだけで、スイングの原理原則を正しく理解して頂ければ月イチゴルファーでも必ず上達します。

さあ、〝70台〟のスコアと〝シングル〟入りへの扉を開いてください！

最後になりましたが、本書の出版にあたって、ＫＫベストセラーズの武江浩企さん、構成者の三代崇さん、菊池企画の菊池真さんには多大なるご協力を頂きました。この場をお借りして厚く御礼を申し上げます。ありがとうございました。

森守洋

■著者略歴

森 守洋（もり・もりひろ）

1977年2月27日生まれ。静岡県出身。高校時代にゴルフを始める。95年に渡米し、サンティエゴにてミニツアーを転戦しながら腕を磨く。帰国後、陳清波に師事し、ダウンブロー打法を身につける。現在はツアープロのコーチをつとめるかたわら、東京都三鷹市で「東京ゴルフスタジオ」(www.tokyo-gs.com)を主宰し、原江里菜ら複数のツアープロコーチを務め、多くのアマチュアの指導にも当たっている。

著書に『フェースターンで身につく 本当のダウンブロー』「森守洋流 新しいゴルフの基本」（主婦の友社）、『ゴルフ「勘違い」に気付けば100を切れる！』『ゴルフ【苦手】を【得意】に変えるパッティング』『ゴルフ【苦手】を【得意】に変えるショートゲーム』（池田書店）、『森守洋のダウンブローで覚えるドライバーショット』『スイングマイスター森守洋のダウンブロー革命①②』『森守洋のゴルフの王道ダウンブロー』（パーゴルフ）、『インパクトから考えるとゴルフは急に上手くなる！』『ゴルフ プロのダウンブロー最新理論』（青春出版社）など多数。

意識するのは〝インパクトゾーン〟だけ
月イチゴルファーでも70台で回れてしまう超GOLF学

二〇一六年六月五日　初版第一刷発行

著者　森 守洋
発行者　栗原武夫
発行所　KKベストセラーズ
東京都豊島区南大塚二丁目二九番七号　〒170-8457
電話 03-5976-9121
http://www.kk-bestsellers.com/
印刷所　錦明印刷株式会社
製本所　ナショナル製本協同組合
DTP　株式会社菊池企画

■スタッフ
構成／三代 崇
撮影／富士渓和春
協力／株式会社T&T 東京ゴルフスタジオ、都ゴルフ倶楽部（山梨県）
装丁・本文デザイン／石垣和美（菊池企画）
企画プロデュース・編集／菊池 真

ISBN 978-4-584-13727-7 C0075